"'¿Y esto es todo?' es una pregunta que la mayoría de nosotros nos hemos hecho en algún momento. Este libro responde esa pregunta de manera sincera, personal y divertida. Rachel transmite magistralmente las alegrías y los retos que enfrentamos en nuestros veinte años, y los conecta con las verdades bíblicas sobre las que podemos edificar nuestras vidas. Si tienes veintitantos o conoces a alguien de esa edad, lean este libro".

SHAR WALKER, autora y conferencista

"Un libro oportuno y sumamente útil para los cristianos jóvenes que están tratando de comprender su vida y su fe. Como pastor de una congregación llena de jóvenes que atraviesan la "crisis del cuarto de vida", ahora cuento con un recurso para darles. *¿Y esto es todo?* tiene sus raíces en la Biblia, está saturado de una visión según el Evangelio, y leerlo es un placer. Lo recomiendo sinceramente".

TONY MERIDA, pastor de Imago Dei Church, Raleigh, Carolina del Norte

"Para muchos de nosotros, los años veinte vienen con un remolino de cambios. Cambian los trabajos, las ciudades, las relaciones y las ambiciones. No es extraño que una década, así de abrumadora, saque a la luz desilusiones, desarraigo y cuestionamientos sobre dónde podemos encajar. Poniéndose en nuestros zapatos, Rachel nos explica que recurrir a Jesús nos da consuelo y nos libera para aprovechar al máximo estos años de incertidumbre".

PETER DRAY, director de evangelismo creativo, UCCF (Universities and Colleges Christian Fellowship)

"Fabulosa para demostrar la relevancia de la Biblia en cuanto a la "crisis del cuarto de vida", Rachel Jones amplía nuestra visión y nos otorga una perspectiva eterna".

JAGO WYNNE, rector de Holy Trinity Clapham, Londres

"Rachel expresa con elocuencia el descontento que muchos sienten al descubrir que la vida como adulto no ha resultado como esperaban, y aplica la Biblia en esa batalla. Estoy ansiosa de utilizar este libro con los jóvenes que están a punto de graduarse".

RACHEL SLOAN, coordinadora del ministerio de mujeres de Charlotte Chapel, Edinburgh

"La vida durante la juventud puede parecer algo desconcertante. Este libro aborda ese sentimiento y te ayuda a ponerte de pie y caminar con seguridad. Y para cualquiera que, como yo, ya haya dejado atrás los años de la juventud adulta, Rachel nos ayuda a entender cómo se siente ser un "Millennial" [los nacidos entre 1981 y 1996] o pertenecer a la Generación Z [los nacidos entre 1997 y 2012]. Podremos comprender sus tensiones, esperanzas y temores, y cómo el cristianismo puede alcanzarlos".

RICO TICE, ministro principal de All Souls Langh
Christianity Explored

"Sincera, sabia, práctica y bíblica. Rachel comunica el evangelio con humor y sensibilidad para retar y motivar a quienes se sientan insatisfechos o decepcionados".

REUBEN HUNTER, pastor principal de Trinity West, Londres

"Rachel es esa amiga que te comprende. En *¿Y esto es todo?* ella trata temas profundos y de impacto para quienes viven sus veintitantos, y lo hace de forma confiable, sincera y con una dosis de humor. Este libro aborda algunos de tus más profundos anhelos, temores e inseguridades, a la vez que te ofrece una fuente de gracia bíblica y de percepción práctica. ¡Ojalá todas las chicas de mi edad pudieran leer esto!".

JAQUELLE CROWE, autora de *Esto lo cambia todo*; fundadora de The Young Writer

"Rachel Jones puede expresar verdades eternas con palabras oportunas. Su voz es actual y relevante. No podría recomendarte un libro mejor".

STEF LISTON, pastor de Revelation Church, Londres; artista de Spoken Word

"En la era de las comparaciones de Instagram y del miedo a perderse algo, Rachel hace un trabajo extraordinario al llevar a quienes se sienten insatisfechos, hacia Jesús y la verdad gratificante de las Escrituras".

JERRAD LOPES, fundador de DadTired.Com

"Este es un libro ingenioso e interesante, que no solo describe algunos de los retos de la vida occidental moderna, sino que también articula de una manera fresca cómo el evangelio de Jesucristo se encuentra con nosotros en nuestros deseos y necesidades más profundos".

PAUL REES, pastor general de Charlotte Chapel, Edimburgo.

"Cuando se habla sobre esta generación atrapada en las garras de la "crisis del cuarto de vida", muy a menudo los cínicos desvían la mirada, mientras otros simplemente refuerzan sus puntos ciegos. Por el contrario, este libro se involucra brillantemente desde la compasión, la claridad, el ingenio y, lo más importante, la sumamente necesaria verdad llena de gracia, centrada en Cristo. Este libro es una joya. Léelo, compártelo con otros y ¡descubre la diferencia que hace Jesús!".

PETE NICHOLAS, ministro principal de Inspire London; autor de *Virtually Human*.

"¡Me encanta este libro! Es ingenioso, sincero y dolorosamente real. Una joya. Reí a carcajadas, lloré y sentí que Rachel podía ver dentro de mi cabeza y comprenderme. Lo mejor es que ella me mostró la diferencia que Jesús hace en cuanto a las preguntas de la vida. Este libro está tan lleno de sabiduría, que tendré que comprar en cantidad ¡porque sé que no dejaré de regalarlo!".

LINDA ALLCOCK, Globe Church, Londres

"Aquí hay sabiduría comprobada, brillante y sólida; el tipo de sabiduría que es cada vez más difícil de conseguir. Por lo tanto, mi consejo para quienes viven sus veintitantos y aman a Jesús es: consíguelo y léelo".

JOEL VIRGO, pastor principal de Emmanuel Church, Brighton, UK.

¿Y ~ESTO~ ES TODO?

LA DIFERENCIA QUE JESÚS PUEDE HACER FRENTE A ESE...

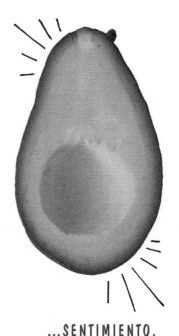

...SENTIMIENTO.

RACHEL JONES

EDITORIAL
PORTAVOZ

Publicado originalmente en inglés por The Good Book Company, con el título *Is This It?*, copyright © 2019 por Rachel Jones. Traducido con permiso. Todos los derechos reservados.

Edición en castellano: *¿Y esto es todo?* © 2021 por Editorial Portavoz, filial de Kregel Inc., Grand Rapids, Michigan 49505. Todos los derechos reservados.

Traducción: Carina Valerga

EDITORIAL PORTAVOZ
2450 Oak Industrial Drive NE
Grand Rapids, Michigan 49505 USA
Visítenos en: www.portavoz.com

ISBN 978-0-8254-5937-5 (rústica)
ISBN 978-0-8254-6846-9 (Kindle)
ISBN 978-0-8254-7680-8 (epub)

1 2 3 4 5 edición / año 30 29 28 27 26 25 24 23 22 21

Impreso en los Estados Unidos de América
Printed in the United States of America

CONTENIDO

31 RAZONES POR LAS QUE PODRÍAS NECESITAR ESTE LIBRO

¿Verdadero o falso? Obtén 1 punto por cada respuesta verdadera.

1. A menudo te preguntas: "¿Qué debo hacer con mi vida?".

2. Mirar series de tu adolescencia en Netflix hace que todo se sienta mejor.

3. Aún conservas muchas cosas personales en la casa de tu infancia.

4. Aún conservas muchas cosas personales en la casa de tu infancia, porque todavía vives allí.

5. Te preguntas con qué amigos cuentas en realidad.

6. Te sientes fuera de lugar en la iglesia, porque todos parecen tener hijos, canas o un osito de peluche (porque o son padres, o jubilados o tienen 4 años).

7. Le tienes terror a las reuniones familiares, porque te van a preguntar qué estás haciendo con tu vida.

8. La vida era mucho mejor cuando eras adolescente.

9. Sospechas que abandonar todo e irte de viaje solucionaría todos tus problemas.

10. Las redes sociales te dan la triste impresión de que la mayoría de tus amigos se divierten más, tienen mejores relaciones, ganan más dinero, tienen una casa mejor y más amigos que tú (1 punto por cada respuesta verdadera).

11. Terminaste trabajando en algo que no tiene absolutamente nada que ver con lo que soñabas a los 6 años (o a los 11, o a los 16).

12. No sabes hacer cosas de adultos, como descongelar un refrigerador o pagar tus cuentas, sin buscarlo en Internet o preguntarle a un adulto de verdad.

13. Te da la impresión de que tu madre está un poco triste, porque no te has casado todavía.

14. Tú estás un poco triste, porque no te has casado todavía.

15. Estás casado y ahora mismo te sientes un poco triste.

16. Te preocupa que todos en el trabajo descubran que eres muy malo en tus tareas laborales.

17. "¿Comprar una casa?, ¿CON QUÉ DINERO?".

18. Te preocupa que hayas interpretado mal el plan de Dios para tu vida.

19. Te preocupa que lo que Dios haya planeado para ti esté mal.

20. Mirarte de cerca al espejo es una experiencia cada vez más angustiante.

21. Preferirías un trabajo en el que te sintieras más pleno... pero no tienes idea de cuál podría ser.

22. En ocasiones consideras silenciosamente si deberías renunciar a Dios.

23. Estás un tanto hastiado de la vida.

24. La manera en la que vagas sin rumbo por los pasillos del supermercado considerando qué vas a comprar para cenar es una metáfora de tu incapacidad total para tomar decisiones.

25. Todo el mundo parece estar teniendo bebés, y te preguntas cómo has llegado tan rápidamente a esta etapa de tu vida.

26. No te imaginabas que llegar a la adultez implicara administrar tantos aspectos.

27. Te duele la espalda.

28. Tu cuenta bancaria es como un agujero negro: sin importar cuánto ganes, o lo poco que gastes, al final del mes no queda demasiado.

29. Conversas con tus amigos sobre las ventajas y las desventajas de diferentes electrodomésticos y luego preguntas: "¿EN QUÉ MOMENTO NOS PUSIMOS TAN VIEJOS?".

30. En ocasiones te preguntas: "¿Y esto es todo?".

31. Eres el padre de alguien que respondería "verdadero" a muchas de estas preguntas, y pensabas que a estas alturas ya habrían crecido. Además, no estás seguro de cuándo se complicaron las cosas. (Suma 5 puntos).

MÁS DE 20 PUNTOS: REALMENTE NECESITAS ESTE LIBRO

Tienes la edad en la que pensaste que ya tendrías tu vida resuelta y estás desilusionado al descubrir que no es así. Bienvenido al club. Este libro es precisamente para ti.

ENTRE 10 Y 20 PUNTOS: NECESITAS ESTE LIBRO

Estás haciendo un buen trabajo para subsistir como un adulto independiente. Algunos días, hasta lavas tu ropa y comes las raciones recomendadas de frutas y vegetales. Otros días, cuando suena el despertador, te quedas acostado y tapado hasta la cabeza preguntando: "¿Por qué?". Necesitas leer este libro.

ENTRE 1 Y 9 PUNTOS: ES PROBABLE QUE NECESITES ESTE LIBRO

Bueno, está bien. Al parecer, más o menos tienes todo resuelto, pero ya que has llegado tan lejos, bien podrías seguir leyendo. O quizá seas un estudiante y aún tengas mucho camino por recorrer. Lee este libro para prepararte para el día en que te encuentres lloriqueando por teléfono con algún amigo o pariente desprevenido: "¿QUÉ SE SUPONE QUE DEBO HACER CON MI VIDA?".

¿EN QUÉ MOMENTO SER ADULTO SE VOLVIÓ TAN DIFÍCIL?

"¿Por qué nadie me advirtió que ser un adulto sería tan *difícil*?".

Tenía 24 años, estaba sentada en mi cama y sentía lástima de mí misma.

No era que el mundo se hubiera caído a pedazos, sino más bien, que no todo estaba en su lugar.

Por un lado, las cosas parecían estar bien. Tenía un trabajo seguro, mi renta era económica, y estaba bastante ocupada en la iglesia.

Sin embargo, estaba desesperadamente aburrida en mi trabajo, me sentía sola en la iglesia (aunque no lo decía), y ni siquiera hablemos sobre lo extrañas que eran mis compañeras de cuarto.

Aunque nada estaba *completamente mal*, tampoco parecía estar *del todo bien*. Sin duda, esto no era lo que yo había imaginado que sería la vida adulta. No podía evitar preguntarme: "¿Y esto es todo?".

Resulta que mi experiencia era tan común, que hasta existe un nombre para denominarla: "crisis del cuarto de vida". Puede suceder en cualquier momento entre los veinte y los tempranos treinta años. El sitio web LinkedIn encontró que el 75% de nosotros ha reportado haberlo experimentado.

La "crisis del cuarto de vida", a diferencia de su hermana mayor —"crisis de la mediana edad"— no tiene nada que ver con comprarte costosos autos deportivos (porque, seamos honestos, no contamos con tanto dinero). Más bien, son los albores del descubrimiento de que has alcanzado una edad en la que siempre asumiste que tendrías todo (o al menos algo) resuelto, pero te das cuenta de que en realidad no tienes nada en claro. Todavía eres incapaz de hacer todas las cosas que se supone que los adultos deberían poder hacer, como mantener viva una planta de tu casa, utilizar apropiadamente el lavavajillas o comer cinco porciones de frutas y vegetales al día. Peor aún, estás abrumado por todos los sentimientos y las decisiones con las que tienen que lidiar los adultos.

Te sientes un poco perdido, algo solo, y casi en la búsqueda de algo, pero no estás seguro de qué es.

La "crisis del cuarto de vida" aparece en los cumpleaños, durante la Nochebuena y hasta asoma su cabeza sigilosamente cada vez que, en las redes sociales, ves a algún compañero de clases que ha tenido un bebé, ha obtenido una promoción o tan solo ha tenido la osadía de mostrarse feliz en una foto. Es ese deseo de cambiar algo en tu vida, pero al mismo tiempo sentirte abrumado por las opciones. Es la sensación incómoda que aparece cuando haces un balance de todo lo que te rodea —las personas, los lugares, la rutina implacable del trabajo y de lavar los platos— y nuevamente te preguntas: "¿Y esto es todo?".

Cuando me topé con mi propio momento de "¿Y esto es todo?", y empecé a conversar con mis amigos sobre cómo me sentía, descubrí que ellos también estaban atravesando su "crisis del cuarto de vida". Un amigo me contó que estaba resignado a odiar su trabajo para siempre. Otro dijo que le preocupaba haber tomado las decisiones equivocadas y haber interferido en los planes de Dios para su vida. Otra amiga comentó que siempre se había imaginado que estaría casada y con hijos para cuando tuviera 30 años, lo cual cada vez era más improbable: "Siento que estoy llorando la pérdida de algo que jamás tuve".

"Bueno —dijo un amigo que tiene un sentido del humor particularmente seco—, creo que la "crisis del cuarto de vida" llega cuando ya has estado un tiempo sin estudiar una carrera y comienzas a darte cuenta de que eso será así para siempre. El próximo suceso importante es jubilarte o morirte".

EL RASGO DISTINTIVO DE UNA ADULTEZ CORRECTA

¿Qué está mal con nosotros realmente? Quizá seas un poco mayor que las personas típicas que sufren la "crisis del cuarto de vida" y quisieras sacudirme por los hombros y que ponga los pies sobre la tierra. Tal vez ya has identificado el problema: soy una egocéntrica de veintitantos años que simplemente necesita crecer y despertar a la realidad.

Y créeme, eso me encantaría.

En primer lugar, porque entiendo que en el mundo hay problemas más grandes que este. Después de todo, si me siento paralizada por la indecisión sobre qué debo hacer con mi vida, es porque soy lo suficientemente privilegiada como para tener algunas opciones. Tal vez te haya tocado experimentar esos problemas más grandes. Quizá para ti, hasta ahora la vida adulta ha estado marcada por el luto, la depresión o una enfermedad crónica. Probablemente, vivas con cicatrices provocadas por alguien más o bajo el peso de un error que cometiste años atrás.

En segundo lugar, y de mayor importancia, porque sé que no se supone que la vida cristiana sea así. La Biblia no utiliza la frase "crisis del cuarto de vida", pero sí menciona la palabra "pruebas". Esto es lo que dice acerca de las pruebas:

> *Tengan por sumo gozo, hermanos míos, cuando se hallen en diversas pruebas, sabiendo que la prueba de su fe produce paciencia, y que la paciencia tenga su perfecto resultado, para que sean perfectos [maduros] y completos, sin que nada les falte (Santiago 1:2-4,* NBLA).

Las personas de la edad de mis padres tienden a creer que mi generación solo necesita crecer. Dios piensa algo diferente: necesitamos crecer como Jesús.

Estos versículos (y, en referencia a este tema, este libro) están dirigidos a personas cristianas, es decir, personas que reconocen quién es Jesús y la importancia que ello implica; quienes intentan vivir de una manera que honre a su Rey (y hasta disfrutan de su perdón cuando cometen errores). Ser cristianos debería modificar en la mente de todos los demás las expectativas de nuestra adultez. Si seguimos a Cristo, la aventura más emocionante de nuestra vida no es escalar peldaños académicos o alcanzar nuestras metas; es convertirnos en "maduros y completos" en nuestra fe. Por lo tanto, el rasgo distintivo de una adultez correcta no tiene que ver con tener nuestra propia casa y una mascota, sino con que nuestro carácter se asemeje al de Cristo.

Ese es el significado de "madurez": parecernos más a Jesús, el adulto más valiente, compasivo, convincente y amoroso de todos los tiempos. ¿Cómo alcanzamos esa madurez? Mediante las pruebas. Lo que me encanta de este versículo en el libro de Santiago es que no hay temporada difícil que no esté cubierta por esta frase: "diversas pruebas". No hay problema demasiado pequeño para omitirlo; Dios lo ve todo, toma cuidado de todo y quiere usarlo todo. Todas estas situaciones ponen a prueba nuestra fe y la vuelven más fuerte, sabia y hermosa.

Mediante esta verdad, enfrentar la pregunta "¿Y esto es todo?" también puede resultar en "sumo gozo", aun cuando estamos sentados en nuestra cama sintiendo lástima por nosotros mismos. La indecisión, la baja autoestima, el desarraigo y la insatisfacción pueden considerarse como completo sumo gozo, porque son una oportunidad para apreciar mejor lo que Jesús nos da y comprender con mayor claridad dónde se encuentra la vida real.

Suena bien.

El problema es que no lo creo.

O al menos, no lo creo verdaderamente. No lo creo de tal forma que atrape mi corazón y mi cabeza y eclipse todas las demás cosas que anhelo en secreto.

Pero deseo creerlo. Quiero experimentar ese "sumo gozo" del que habla Santiago. Esa es la razón por la que escribí este libro. En realidad, me estoy hablando a mí misma, pero eres más que bienvenido a escuchar. Te advierto que tal vez lo que leas no resulte nuevo para ti, pero en ocasiones, cuando no podemos ver el bosque a causa de los árboles, solo necesitamos recordar una vez más lo que ya conocemos. Por lo tanto, en los próximos doce capítulos, veremos algunos de los retos y las emociones que conlleva la vida adulta. Puedes leerlo en el orden que prefieras, según cómo te sientas. Es mi deseo que, al finalizar este libro, te encuentres un poquito más cerca... no de ser un adulto real, sino de ser "maduro y pleno" en Cristo. Perseverar en seguir a Jesús nos ofrece algo más verdadero y mejor que lo que puede ofrecernos perseguir cualquier otra cosa durante nuestros veinte o treinta años.

¿Y esto es todo?

No, no lo es. Hay más en esta vida y hay mucho más que esta vida.

Confía en mí, o más bien, en Jesús. Todo va a estar bien.

1. DESILUSIONADO

¿A TODOS LOS DEMÁS LES VA MEJOR QUE A MÍ?

A Amy, mi vieja amiga de la escuela, le encantan los animales; tanto que no se los come.

Por eso, cuando se fue a trabajar por un año a Nueva Zelanda, lo único que quería era ver las ballenas en su hábitat natural. Estaba viviendo en la costa, en una bahía famosa porque solía ser visitada por ballenas. Había escuchado que, de vez en cuando, incluso venían a jugar entre las personas que se daban un baño en el océano, temprano por la mañana.

Amy pasó doce meses en Nueva Zelanda y nunca vio ni una sola ballena.

Algunas veces solía ver las noticias en la televisión local sobre el espectáculo de la aparición de las ballenas, mientras ella estaba en su oficina trabajando; pero a la hora que corría hasta ese lugar, las ballenas ya habían desaparecido. Amy gastó cientos de dólares e innumerables fines de semana en viajes en bote. Vio cantidad de delfines, pero eso no era lo que ella anhelaba ver. Parecía que se estuvieran burlando de ella con sus sonrisas de dientes puntiagudos. Pasó más de un año viviendo en el mejor lugar para ver ballenas, pero no pescó ni una aleta.

Cuando regresó a casa, salimos a cenar y nos pusimos al día. Reímos a carcajadas cuando relataba sus esfuerzos inútiles por ver las ballenas.

Pero a medida que avanzaba la noche, ella comenzó a contarme sobre el lado no tan divertido de su año en el extranjero. Cuando le comenté que estaba escribiendo este libro y le pregunté si había atravesado la "crisis del cuarto de siglo", me respondió:

—Oh, la mía probablemente fue Nueva Zelanda.

—¿Qué?, ¿te refieres a haber ido?

—No —dijo ella—, me refiero al modo en que manejé la situación.

Me contó sobre las llamadas telefónicas a casa llorando, la crisis de seguridad en su relación amorosa, y cómo renunció impulsivamente a varios trabajos seguidos, sin poder explicar con claridad sus razones.

Sonreí con algo de remordimiento.

—Quizá tu búsqueda de las ballenas en realidad era una metáfora de tu búsqueda de...

Encogiendo los hombros dijo:

—Satisfacción con la vida.

No todos estamos buscando ballenas, pero sí estamos buscando *eso*.

TODOS LOS DEMÁS HAN ENCONTRADO TUS BALLENAS

Todos pasamos nuestras vidas anhelando y buscando algo, algo que nos haga felices. Gastamos dinero en la búsqueda de la satisfacción, acumulándolo en el banco o derrochándolo en viajes exóticos. Pasamos tiempo buscando satisfacción, invirtiendo nuestros esfuerzos en relaciones, carreras o experiencias que creemos que nos darán esa plenitud. Pero siempre parece que nos quedamos cortos. La satisfacción nos elude, nunca llegamos al estado de "satisfecho". Y aunque la mayoría de nosotros ni siquiera estamos seguros de qué es exactamente lo que nos hará felices, estamos convencidos de haber visto un destello de su cola que desaparecía en la esquina de la bahía; por lo tanto, seguimos buscando.

Creo que tal vez es *este* sentimiento el que más se acerca al corazón angustiado que describe la portada de este libro. "Supongo que la emoción que siento a mis veintitantos años es anhelo —reflexiona otro amigo—. Anhelo lo que pensé que ya tendría a estas alturas, y que otras personas ya han alcanzado".

¿Te suenan esas palabras como una realidad actual? ¿Qué es lo que anhelas?

¿Cuál es esa cosa que todavía está fuera de tu alcance, pero que sabes que si pudieras obtenerla te haría sentir satisfecho?

La mayoría de las personas leen esa pregunta y saltan directamente al próximo párrafo. Pero en serio, detente. No sigas mirando al final de esta página. Mira hacia arriba y piensa sobre la pregunta. Nunca he conocido a nadie que no tuviera esa cosa, sin embargo, he conocido a muchos que no estaban seguros de qué era realmente.

Parte de nuestro problema de insatisfacción es que cuando miramos nuestras pantallas, parece que todos los demás están en el océano hasta la cintura, alegremente retozando con las ballenas de la alegría. Es irónico que mientras Amy estaba llorando en un departamento en Nueva Zelanda, yo estaba en una oficina en un simple parque comercial de mi ciudad, mirando sus fotos sonrientes y deseando poder dejar todo atrás y correr también hacia una aventura en esas tierras. Si bien cada generación se ha dedicado a la búsqueda de la felicidad desde el 1787 al menos (aclaro para mis amigos no estadounidenses, que a partir de ese año el derecho a hacerlo está contenido en la Constitución de los EE. UU.), nunca antes habíamos estado tan informados como hoy, sobre cómo les va en esa búsqueda de la felicidad a los demás.

La nuestra es la primera generación en la que las redes sociales han jugado una parte esencial durante nuestra adolescencia. Hay razones para creer que han llegado a afectar hasta el modo en que nuestro cerebro se ha desarrollado. Y las investigaciones demuestran que nos están haciendo sentir de lo más miserables. Un estudio realizado por el *Harvard Business Review* encontró que el simple hecho de darle "Me gusta" a la publicación de otra persona "predijo significativamente una reducción posterior en la salud física y mental, y en la satisfacción con la vida, según la autoevaluación de la persona en cuestión". No nos "gusta" para nada. Lo resentimos. El descontento tiene una prima todavía más fea llamada envidia.

No solo compararnos con lo que tienen *otras* personas nos hace sentir insatisfechos, sino también compararnos con lo que creemos que *nosotros* deberíamos tener o ser. Tim Urban, del sitio web Wait But Why [Espera, pero ¿por qué?], señala que nuestra generación tiene expectativas extraordinariamente optimistas. No solo queremos que la vida sea como un exuberante césped verde o, incluso, un exuberante césped verde con flores. No, nosotros queremos unicornios. En cierto sentido, esto no es culpa nuestra. Nos criaron para pensar que somos especiales y que la vida nos debe unicornios brillantes, y que podemos esperar que aparezcan casi tan pronto como iniciamos nuestra aventura en la edad adulta. Entonces cuando nuestro trabajo, nuestras relaciones, nuestra iglesia o nuestra vida en general no se sienten como unicornios brillantes —cuando se sienten, bueno, normales—, somos infelices. Por eso, seguimos buscando en algún otro lugar.

O al menos, eso es lo que nos dicen: "Lee los artículos del periódico y rápidamente comprenderás la idea de que nuestra generación cree tener privilegios especiales y vive en un mundo de ilusiones". Ahora, esa aseveración podría ser verdad para ti, o una verdad parcial o quizá nada que ver. Los estereotipos generacionales son precisamente eso, estereotipos. De hecho, antes de continuar, creo que necesitamos un par de advertencias.

En primer lugar, tal vez hoy estés atravesando algo sumamente difícil. Nada de lo que vayas a leer tiene la intención de negar tu dolor. No está mal desear que tus circunstancias cambien ni orar para que Dios las cambie. El objetivo de este capítulo no es ayudarnos a que nos gusten todas las circunstancias, sino encontrar contentamiento en cada una de ellas. Eso es diferente.

"LEE LOS ARTÍCULOS DEL PERIÓDICO Y RÁPIDAMENTE COMPRENDERÁS LA IDEA DE QUE NUESTRA GENERACIÓN CREE TENER PRIVILEGIOS ESPECIALES Y VIVE EN UN MUNDO DE ILUSIONES".

#YESTOESTODO

En segundo lugar, no está mal desear las cosas buenas. Está bien querer casarse, aspirar a un trabajo que nos permita sentirnos realizados (o un simple trabajo) o anhelar ver que se haga justicia en nuestra comunidad. De hecho, es bueno querer ver estas cosas. El asunto es cuando comenzamos a apuntar el dedo acusador hacia los demás, hacia nosotros mismos y hacia Dios. Si empezamos a refunfuñar contra Él y acusarlo en nuestros corazones por retener de nosotros las cosas buenas, damos a entender que es un Padre que no nos ama y que no se preocupa por nuestro beneficio. Ahí es donde tenemos un problema.

Y si en algo te pareces a mí, tú también tienes un problema. Como adulto, has estado buscando las ballenas de la satisfacción por unos cuantos años, pero no estás ni cerca de encontrarlas. La insatisfacción vuelve gris tu cielo azul o hasta eclipsa totalmente tu sol. Existe un sentido de carencia en algún área de tu vida, que simplemente no logras llenar. Y deseas no sentirte así, porque sabes que es un modo de vivir miserable, inútil e infructuoso. Pero así te sientes.

Un hombre que había estado vigilando ballenas (metafóricamente) era el apóstol Pablo. Y las había encontrado. En su carta a la iglesia de Filipos declara:

> *No digo esto porque esté necesitado, pues he aprendido a estar satisfecho en cualquier situación en que me encuentre. Sé lo que es vivir en la pobreza, y lo que es vivir en la abundancia. He aprendido a vivir en todas y cada una de las circunstancias, tanto a quedar saciado como a pasar hambre, a tener de sobra como a sufrir escasez (Filipenses 4:11-12).*

No creo que Pablo esté tratando de ser engreído, más bien quiere animarnos de dos maneras. En primer lugar, el contentamiento no es fácil ni automático. Debe ser "aprendido", aunque seas un megapóstol, evangelista y teólogo como era Pablo. Pero, en segundo lugar, es posible aprenderlo. Si quieres experimentar contentamiento, no tengas dudas de que es posible, solo tienes que aprender.

Pero ¿cómo? Bueno, como cualquier cosa que aprendemos, la práctica es mejor que la teoría. Requiere algo de esfuerzo y algunos consejos de alguien más sabio (Dios, no yo). Así que considera este capítulo como tu manual sobre el arte de vigilar ballenas. El primer consejo viene ya mismo...

TEN LA PERSPECTIVA CORRECTA

Si alguna vez intentaste usar los binoculares al revés, te habrás dado cuenta de que, en lugar de ver las cosas más grandes y más cerca, las veías más lejos y más pequeñas.

La insatisfacción comienza cuando vemos las cosas incorrectas con los binoculares al revés. Observamos las circunstancias terrenales por los lentes más pequeños, de modo que se aproximan imponentes delante de nuestros ojos. Pero miramos las cosas eternas a través de los lentes grandes y, por lo tanto, se ven pequeñas, insignificantes y lejanas. Sin embargo, la eternidad no es ninguna de esas cosas. Es grande, importante y viene pronto.

Esa es la lección que dice Asaf que aprendió en el Salmo 73. Este es un muchacho que suena como si hubiera pasado mucho tiempo navegando en Instagram. ¿Y cómo se sentía? Celoso.

> *Yo estuve a punto de caer,*
> *y poco me faltó para que resbalara.*
> **Sentí envidia de los arrogantes,**
> **al ver la prosperidad de esos malvados** *(Salmo 73:2-3,*
> *énfasis añadido).*

En este versículo, "los malvados" no hace referencia particularmente a personas malas, sino a quienes piensan que Dios no es real o que no vale la pena escucharlo. Sin embargo, esa manera de pensar parece no causarles inconvenientes. Ellos son prósperos: tienen ropa, auto y casa. No luchan con enfermedades ni se sienten feos: "Su cuerpo está fuerte y saludable" (v. 4). "Libres están de los afanes de todos" (v. 5). Sin corazones rotos, fines de semana solitarios, amenazas de despido, ni abuelos que les preocupen porque están envejeciendo. "No les afectan los infortunios humanos" (v. 5). No sufren de ansiedad, depresión ni nada por el estilo.

Pareciera que todo les va bien. Estos son triunfadores hiperseguros (v. 6). Pueden abrirse paso y persuadir a todo el mundo (v. 9). Están en una posición de influencia (v. 10). Y no se sienten para nada agobiados por ninguna carga religiosa: "Hasta dicen: «¿Cómo puede Dios saberlo? ¿Acaso el Altísimo tiene entendimiento?»" (v. 11). Nadie los obliga a levantarse temprano los domingos por la mañana para controlar a una multitud de niños rebeldes de la escuela dominical. Nadie les fuerza a donar su dinero o hablar con personas extrañas, mientras toman café tibio. No hay reglas que seguir, ni personas a las que complacer; pueden hacer lo que quieran. "Así son los impíos; sin afanarse, aumentan sus riquezas" (v. 12).

Y cuando Asaf examina lo que tiene y lo compara con lo que ellos tienen, prefiere lo segundo:

> *En verdad, ¿de qué me sirve*
> *mantener mi corazón limpio*
> *y mis manos lavadas en la inocencia,*
> *si todo el día me golpean*
> *y de mañana me castigan? (vv. 13-14).*

Y tal vez tú también te sientes así al mirar a tu alrededor. Secretamente, te preguntas si en realidad estás mejor y más pleno que tus amigos que no se interesan por Dios. Tal vez interiormente te cuestiones por qué Dios les ha dado a tus amigos que están lejos de Él, tanto más de lo que te ha dado a ti. Sabes que este asunto del cristianismo se supone que deba hacerte más feliz, pero no está funcionando. Más bien, te sientes "afligido", desgastado, decepcionado y bajo presión. Desearías tener lo que otras personas tienen. ¿Estás perdiendo el tiempo con Jesús?

"No", dice Asaf. Y aquí es donde cambia su perspectiva:

> *Cuando traté de comprender todo esto,*
> *me resultó una carga insoportable,*

hasta que entré en el santuario de Dios;
allí comprendí cuál será el destino de los malvados (vv. 16-17).

Asaf se acerca a Dios y al fin comienza a usar sus binoculares de la eternidad de la manera correcta. Un día los malvados serán "puestos en terreno resbaladizo", empujados "a su propia destrucción. ¡En un instante serán destruidos, totalmente consumidos por el terror!" (vv. 18-19). Serán "como quien despierta de un sueño", apenas recordados (v. 20). Hasta los sueños más vívidos que llenan tu mente de color y emoción por la noche, repentinamente, se vuelven intrascendentes a la luz de la realidad.

Y este día del juicio para aquellos que no se interesan por Dios no está lejos. Será pronto. No sabemos exactamente cuándo será, pero sucederá "en un instante" (v. 19). Cada vez que envidio a mis amigos que no son cristianos, estoy siendo corta de vista. Puede que lo tengan todo, pero Dios dice que no tienen nada que puedan conservar.

Una vez que Asaf se pone correctamente los binoculares de la eternidad, goza de una mirada fresca para observar lo que él tiene:

Pero yo siempre estoy contigo,
   pues tú me sostienes de la mano derecha.
Me guías con tu consejo,
   y más tarde me acogerás en gloria.
¿A quién tengo en el cielo sino a ti?
   Si estoy contigo, ya nada quiero en la tierra.
Podrán desfallecer mi cuerpo y mi espíritu,
   pero Dios fortalece mi corazón;
   él es mi herencia eterna (vv. 23-26).

Pronto, los malvados perderán sus posesiones y su estatus, pero Asaf tiene algo que durará "para siempre": una relación con Dios que permanece desde ahora hasta la "gloria" (v. 24). Dios sostiene la mano de Asaf con la exclusiva atención, intimidad y seguridad de un padre amoroso hacia su hijo. Él le aconseja con toda la sabidurí y la integridad de un mentor experimentado.

Sobre todo, Dios satisface. Él es la "porción" de Asaf, como una comida sana y abundante que te llena, en lugar de bocadillos que te proporcionan un golpe de azúcar, pero te dejan los dientes sucios.

Asaf se da cuenta de que todo lo que la tierra ofrece, palidece en comparación con esto: "¿A quién tengo en el cielo sino a ti?".

Esa es la misma pregunta que tú te debes hacer. ¿Por qué perseguir ballenas que no duran y que no te van a satisfacer, cuando tienes algo que sí puede darte satisfacción? ¿Negociarías tu salvación por un cuerpo más delgado o por dos semanas en Santa Lucía?

Me encanta la sinceridad de Asaf. Nos muestra que cuando nos sentimos insatisfechos, podemos ser honestos sobre eso con Dios. Podemos decirle qué anhelamos y por qué estamos tentados a pensar que la vida para nosotros ha sido injusta. Pero como Asaf, no podemos detenernos allí. Necesitamos acercarnos a Dios y reconocer:

> *Se me afligía el corazón*
> *y se me amargaba el ánimo*
> *por mi necedad e ignorancia.*
> *¡Me porté contigo como una bestia! (vv. 21-22).*

Vivir nuestra vida bajo una nube de insatisfacción, no solo es lamentable, es un pecado. Ridiculiza lo que Dios nos ha dado: una relación con Él. Dios es un Padre bueno que solo nos da cosas buenas. La insatisfacción nos convierte en bestias. Las vacas del campo no pueden disfrutar de una relación con Dios, ¡son animales! Cuando nuestras mentes están controladas por nuestros deseos, nos parecemos a ellas.

Quizá ahora mismo necesites pedirle a Dios que dé vuelta tus binoculares.

CONOCE LO QUE ESTÁS VIENDO

Como cualquier naturalista te dirá, debes conocer los que estás viendo y lo que estás buscando. De lo contrario, te precipitarás a través del océano para atrapar la ballena de la satisfacción, solo para descubrir que el color gris que viste era simplemente una roca que sobresalía de las olas (lo cual es decepcionante) o un tiburón (lo cual es peligroso).

Entonces, ¿cómo identificas lo que verdaderamente te va a satisfacer? Antes leímos que Pablo había "aprendido el secreto del contentamiento". *Continúa entonces, Pablo —podrías pensar—, cuéntanos el secreto.*

Bueno, en realidad ya lo hizo en el primer capítulo de su carta: "Porque para mí el vivir es Cristo y el morir es ganancia" (Filipenses 1:21). Pablo está satisfecho porque, viva o muera, tiene lo que satisface, o más bien, tiene a quien satisface. Él tiene a Cristo. "Vivir es Cristo y morir es ganancia" es una ecuación de ganar o ganar. No hay absolutamente ninguna manera de que Pablo pueda perder. Viva o muera, Pablo cree que ya se ha ganado la lotería.

Desearía tener esa confianza, pero la realidad es que no la tengo. Mi insatisfacción viene cuando pierdo de vista alguno de los dos lados de la ecuación de "vivir es Cristo y morir es ganancia".

El contentamiento llega cuando vivo una vida que puede resumirse en una sola palabra: Cristo. La vida real y satisfactoria se encuentra al hacerlo con Él: "Vivir es Cristo". Cada vez que ese tipo de vida no suena particularmente atractiva, significa que he perdido de vista quién es Cristo y, por lo tanto, cómo es la vida con Él.

Vivir es Cristo, y Cristo es compasivo. Cuando Él ve a una viuda cuyo único hijo es trasladado en su carroza fúnebre al cementerio, no pasa de largo, triste pero ocupado. Su corazón se va con ella, se detiene y la ayuda.

Vivir es Cristo, y Cristo es humilde. Cuando los pies de sus discípulos necesitan ser lavados antes de una comida, no llama al mesero con el puesto más bajo. Se pone una toalla alrededor de la cintura, se coloca de rodillas, toma esos pies cubiertos de barro (y cosas peores) entre sus manos y empieza a lavarlos hasta dejarlos limpios.

Vivir es Cristo, y Cristo es brillante. Cada vez que los fariseos le hacen preguntas engañosas, no se queda balbuceando mientras trata desesperadamente de pensar en una respuesta. Él da vuelta a la conversación, dice la verdad aguda y deja a sus oponentes sin palabras.

Vivir es Cristo, y Cristo es amable. Cuando los padres traen a sus hijos a Jesús para que los bendiga, y los discípulos los ahuyentan porque asumen que su maestro no tiene tiempo para bebés, Jesús les dice que están equivocados. Él tiene todo el tiempo del mundo para los humildes y los que parecen insignificantes.

Vivir es Cristo, y Cristo es justo. Cuando ve que los tramposos pretenden apagar en las personas el deseo de adorar, al venderles animales para sacrificar en el templo a precios excesivos, no solo suspira y sacude la cabeza. Tampoco escribe una carta de queja al periódico local ni organiza una petición en línea. Voltea las mesas y persigue a los tramposos.

Vivir es Cristo, y Cristo ve a las personas. Cuando un mendigo ciego lo llama desde el costado del camino, Jesús ve a un hombre, no un problema. No dejará que otras personas le digan a este hombre que haga silencio. No le arroja algunas monedas para hacerlo callar o para satisfacer su propia conciencia, y luego sigue caminando. Él se detiene. Él pregunta. Él escucha. Él sana.

Vivir es Cristo, y Cristo es la verdad. No elude los hechos difíciles para preservar su popularidad. Él les dice a las personas lo que necesitan escuchar. Sus sermones no son aburridos. Todos se asombran de sus enseñanzas y dicen: "¡Nunca nadie ha hablado como ese hombre!" (Juan 7:46).

Vivir es Cristo, y Cristo ama. Después de todo eso, "habiendo amado a los suyos que estaban en el mundo, los amó hasta el fin" (Juan 13:1). Fue hasta las últimas consecuencias y dio todo lo que tenía. Él permitió que esas hermosas manos —manos que habían resucitado muertos, tumbado mesas, abrazado a niños y lavado pies— fueran traspasadas por clavos. ¿Por qué? Porque te ama. Sus manos tienen cicatrices para que las tuyas —manos que acaparan más, empujan a otros a un lado, señalan culpables y se encojen de ira— puedan estrecharse en el cielo con sus manos. Él te amó hasta el final, todo el trayecto hasta la cruz.

Vivir es Cristo, *este* Cristo. Este es el que vive *en nosotros* por su Espíritu. Este es el que controla hasta nuestra respiración. Este es Aquel a quien conocemos, por quien vivimos, a quien alabamos y para quien trabajamos. Y "vivir a Cristo" satisface.

Jesús no es como una ballena que se hace rogar. No está fuera de nuestro alcance. No se esconde a la vuelta de la esquina. Él no está esperando a que nos arremanguemos y lo intentemos un poco más. Ya lo tenemos, y es maravilloso poder ser cristianos.

Sin embargo, Pablo tiene la impresión de que más adelante hay algo todavía mejor. Por eso, la segunda parte de su ecuación es "morir es ganancia"; porque cuando abandonemos este cuerpo, los que estamos en Cristo ahora estaremos con Él en el futuro, "que es muchísimo mejor" (Filipenses 1:23). Esas hermosas manos tomarán las nuestras y nos darán la bienvenida a nuestro hogar. "Vivir a Cristo" ahora es real, pero vivir con Cristo en la eternidad, de algún modo será *más* real todavía.

A menudo tratamos de resolver nuestra insatisfacción al mirar lo que no tenemos y tratar de conseguirlo. ¿Infelizmente soltero? Intenta conseguir una cita por Internet. ¿Aburrido en el trabajo? Búscate uno nuevo. ¿No te gusta cómo te ves? Hay un tratamiento de belleza o suplemento de proteínas para eso.

Pero hay una ganancia mejor del otro lado de la tumba.

Mi insatisfacción es peor cuando no tengo la seguridad de que morir es ganancia. Por esa razón, aseguro mis apuestas y me dedico a disfrutar de todo lo que pueda ahora, acumulando experiencias, hitos y elogios. Trato de ganar, ganar, ganar lo que pueda, mientras pueda. Y cuando no gano o no logro obtener lo que anhelo, estoy descontenta, porque temo que me estoy perdiendo algo.

Pero Pablo dice que es imposible perdernos algo. Estamos encerrados en una ecuación garantizada de ganar o ganar. Vivir es Cristo, y morir es ganancia.

PERSIGUE LO QUE IMPORTA

Puedes pensar que a estas alturas ya he utilizado demasiado la metáfora de la ballena, y tal vez tengas razón. Pero Jesús mismo era un superfan de las metáforas (o como a Él le gustaba llamarlas, parábolas). Aunque no habló sobre personas que perseguían ballenas, sí contó una historia sobre un hombre que buscaba algo:

> *También se parece el reino de los cielos a un comerciante que andaba buscando perlas finas. Cuando encontró una de gran valor, fue y vendió todo lo que tenía y la compró (Mateo 13:45-46).*

Este comerciante es una especie de conocedor de perlas. Él nota la diferencia entre las perlas de agua dulce y las perlas del Mar del Sur. Cuando sales a cenar con él, se emociona al contarte sobre el último desarrollo en tecnología de perlas. Ellas son más que un trabajo para él; son una pasión. Tiene cientos de perlas en su casa; algunas en exhibición en la repisa de la chimenea, y otras almacenadas con cuidado en estuches y baúles. Están meticulosamente categorizadas y las ha pulido con ternura.

Sin embargo, un día encuentra una perla que vale más que todo eso. Es tan valiosa y hermosa que vale la pena sacrificar toda su colección. Incluso vale la pena vender su comedor y muebles de cocina por ella.

De repente, esa búsqueda incesante que solía consumirlo, ya no le importa tanto. No importa que no pueda aferrarse a todas esas otras cosas. No podría, incluso si quisiera, porque tiene las manos llenas con esta nueva perla. Es tan grande, tan valiosa y tan fascinantemente bella, que no tiene ojos para nada más.

A eso se asemeja conocer a Jesús como Rey y convertirse en parte de su reino; es encontrar una perla que sea más valiosa que cualquier otra cosa.

Desearía ser como ese comerciante; pero a menudo quiero tratar a Jesús como una perla entre muchas. Quiero agregarlo a mi colección en la repisa de la chimenea, junto a las fotos de las fiestas, mi trabajo increíble, la familia perfecta y recortes de las reseñas de cinco estrellas que tiene este libro. Claro, quiero a Jesús. Pero también quiero todo lo demás.

Pero Jesús está diciendo que la cosa no funciona así. Él es tan valioso que lo cuesta todo. Y la forma de detener la búsqueda —esa búsqueda frenética de algo que nos satisfaga, y esa comparación engañosa con lo que todos los demás tienen— es dejarlo todo y atesorar esta perla. Ese es el secreto de la satisfacción.

No quedarás satisfecho obteniendo más. Solo te sentirás satisfecho al encontrar a Jesús. E irónicamente, la forma en que lo "encuentras" es cediendo tu control sobre las otras cosas; soltando en lugar de tratar de acaparar con desesperación.

Entonces, ¿qué tienes en la repisa de la chimenea? ¿Qué estás puliendo con ternura? ¿O para qué tienes un espacio reservado?

Déjalo ir. Mira a Jesús y no bajes tu mirada de Él, porque Él puede satisfacer hoy, mañana y para siempre.

2. PARALIZADO
(O TAL VEZ INDECISO)
¿QUÉ DEBO HACER CON MI VIDA?

13 PREGUNTAS QUE TE EMPUJARÁN AL BORDE DE UNA CRISIS NERVIOSA:

1. ¿Debería conseguir un nuevo trabajo?

2. ¿Qué carrera será *realmente* la que me conviene?

3. ¿Será que me iría mejor si me mudara de ciudad?

4. ¿Es el momento indicado para mudarme? ¿A dónde?

5. ¿Está bien cambiar de iglesia?

6. ¿O debería dejar mi trabajo para poder viajar?

7. ¿O, aunque sea, trabajar en el exterior por un tiempo?

8. ¿Cómo me doy cuenta de si tengo que dedicarme al "ministerio a tiempo completo"? (¿Qué significa eso realmente?).

9. ¿Debería ir (o regresar) a la universidad?

10. ¿Debería estar ahorrando más dinero? ¿O tal vez dar más a la iglesia?

11. ¿Debería ponerme de novio con esta persona? ¿Estamos listos para casarnos?

12. ¿Debería simplemente establecerme aquí?

13. ¿Será el resto de mi vida *así*?

EL PROBLEMA DE TENER TANTAS OPCIONES

Por nueve meses he tenido un leve pero persistente sentido de infelicidad. Todo me aburría. Cuando trataba de descifrar por qué me sentía así, lo atribuía a mis circunstancias. No me gustaba qué estaba haciendo ni dónde estaba viviendo.

Me di cuenta de que era el momento de tomar el control —tomar algunas decisiones importantes y empujar mi vida hacia la próxima etapa.

Por lo tanto, consideré otros trabajos... pero nunca me postulé a ninguno de ellos. Consideré otras casas... pero nunca tomé la decisión de mudarme. Por último, después de varios meses de sentirme totalmente hastiada, hice algo radical.

Me presenté a una audición para un programa de juegos en la televisión.

Sabía que quería que algo cambiara, pero no estaba segura exactamente de qué era o cómo cambiarlo. ¿Y si cambiar algo empeoraba las cosas? Resulta que no estaba atrapada en mis circunstancias, sino en mi cabeza. Y presentarme para un programa de juegos en la televisión era más fácil que tomar una decisión y asumir un riesgo sobre algo que realmente me interesaba.

Esto es lo que Kevin DeYoung llama "entretenerse" en su libro *Haz algo*. Algunos de nosotros nos entretenemos con cosas pequeñas: deportes, pasatiempos y series de Netflix. Otros nos entretenemos con cosas más grandes: una serie de trabajos en los que nunca nos sentimos a gusto o una serie de corazones con los que nunca nos comprometemos.

Sigo entretenida y feliz, hasta que alguien que conozco alcanza una meta importante: una promoción, su nueva casa, su boda, un bebé... y luego empiezo a sentir pánico de que yo también debería estar haciendo esas cosas. O cuando alguien que no veo muy a menudo me dice:

—Entonces, sigues trabajando en el lugar de los libros, ¿verdad?

Le sonrío tímidamente y le respondo:

—Sí, sigo allí —mientras quiero gritar internamente.

Es fácil estar tan entretenidos como para llenar las horas de nuestra existencia; pero pronto nos damos cuenta de que estar entretenidos no nos lleva a ningún lado. Nos sentimos como Ian:

Ian decía que tener veinte años era como estar en medio del océano, perdido en una inmensa masa de agua sin límite. No conseguía divisar tierra en ninguna dirección, así que no sabía hacia dónde ir. Se sentía sobrepasado por la perspectiva de poder nadar en cualquier dirección o de hacer cualquier cosa. También le paralizaba el hecho de ignorar si sus decisiones funcionarían o no. Cansado y desesperado con tan solo veinticinco años, me confesó que se limitaba en mantenerse a flote para sobrevivir. (Meg Jay, La década decisiva, Editorial Asertos, s. p.).

Esta es la parálisis de la adultez. Nos sentimos incapaces de tomar decisiones, porque hay muchos caminos para elegir y no estamos seguros de hacia dónde dirigirnos. Y no logramos descifrarlo, porque no sabemos qué nos hará sentir felices y plenos. Por lo tanto, mantenemos abiertas nuestras opciones, aunque nos abrumen, para no perdernos nada ni equivocarnos. Pero al hacer eso, no vamos a ningún lado. O intentamos ir a todos lados.

Lo que Ian necesitaba —y lo que todos nosotros necesitamos— era un plan, una pasión y un propósito.

Y la buena noticia es que los tenemos.

EL PLAN

La mayoría de nosotros detesta la idea de estar a la deriva día a día, semana a semana, año a año, sin un sentido real de dirección. Queremos que la vida vaya a algún lado. ¿Pero a dónde? Tal vez siempre hayas tenido envidia de esas personas que tienen un *plan de vida*, ya sabes, esos individuos raros —y hasta algo engreídos— que saben a dónde quieren que vaya su vida y logran pilotearla hacia esa dirección. O tal vez tú *seas* una de esas personas —aunque estoy segura de que sin la parte de ser engreído— y, en tu interior, estés desesperadamente preocupado por mantener el *plan* al día y para que el destino valga la pena.

Todos tenemos esta necesidad innata de ir hacia algún lado. Parte de lo que Dios hizo cuando creó el universo fue la dimensión del tiempo. Estamos ansiosos por sentir que vamos a algún lado, porque el mundo que nos rodea *está* yendo a algún lado: el Creador ha establecido su creación en una línea de tiempo desde A hacia B. Y estamos moviéndonos junto con la creación, pero la pregunta es... ¿hacia dónde?

Eso es lo que Pablo aborda en su carta a los Efesios:

> *En otro tiempo ustedes estaban muertos en sus transgresiones y pecados, en los cuales andaban conforme a los poderes de este mundo. Se conducían según el que gobierna las tinieblas, según el espíritu que ahora ejerce su poder en los que viven en la desobediencia. En ese tiempo también todos nosotros vivíamos como ellos, impulsados por nuestros deseos pecaminosos, siguiendo nuestra propia voluntad y nuestros propósitos. Como los demás, éramos por naturaleza objeto de la ira de Dios. Pero Dios, que es rico en misericordia, por su gran amor por nosotros, nos dio vida con Cristo, aun cuando estábamos muertos en pecados. ¡Por gracia ustedes han sido salvados! Y en unión con Cristo Jesús, Dios nos resucitó y nos hizo sentar con él en las regiones celestiales, para mostrar en los tiempos venideros la incomparable riqueza de su gracia, que por su bondad derramó sobre nosotros en Cristo Jesús (Efesios 2:1-7).*

"Bueno, pero ¿qué tiene que ver eso con mis decisiones?", te escucho preguntar. Aquí va.

La cultura occidental me dice que mi vida es un viaje emocionante hacia un destino aún indeciso, pero probablemente increíble. Pero la imagen de mi "viaje" en este pasaje es mucho más desconcertante. Se parece más a que he cortado los frenos de mi propio auto, y me estoy precipitando montaña abajo hacia un cierto —y doloroso— choque contra la ira justa de Dios.

¿Por qué? Porque instintiva y deliberadamente me rebelo contra el Dios que me hizo. Estoy empecinada en servir mis propios intereses y rechazar los suyos; estoy espiritualmente muerta. Suena crudo, pero la Biblia insiste en que es verdad. Y si me dirijo a este accidente automovilístico cósmico, entonces ningún plan, ni pasión ni cadena de decisiones inspiradas a lo largo del viaje harán una gran diferencia en el punto final.

Sin embargo, hay un pero. "Pero Dios, que es rico en misericordia, por su gran amor por nosotros, nos dio vida con Cristo, aun cuando estábamos muertos en pecados. ¡Por gracia ustedes han sido salvados!".

Si eres cristiano, es porque Dios se acercó e intervino para detener el accidente automovilístico: "Y en unión con Cristo Jesús, Dios nos resucitó y nos hizo sentar con él en las regiones celestiales" (v. 6). Eso es lo que sucedió en el momento en que oíste y creíste "el mensaje de la verdad, el evangelio que les trajo la salvación" (Efesios 1:13). Si estás siguiendo a Cristo, entonces por la gracia de Dios ya has tomado la decisión más importante de tu vida. Comparado con esa, todas las demás decisiones son solo un detalle.

Ser cristianos es como hacer un salto acrobático para escapar de tu auto en llamas y ser arrojado por Dios a la parte trasera del automóvil de Cristo. La Biblia lo llama estar "unido a Él" por la fe. Lo que sucede ahora es que donde Él va, tú vas. Así que cuando Cristo murió y resucitó, tú también recibiste la verdadera vida espiritual.

Esta realidad es ambas cosas: "ahora y todavía no". Dios ya nos ha "sentado con Cristo en los lugares celestiales". Tienes una vida real de resurrección y calidad espiritual ahora mismo. Ya existe un asiento con tu nombre en el banquete de bodas. Puedes entrar al salón del trono para una audiencia privada con el Rey del universo cada vez que oras. Pero hay algo más que se avecina también "en las eras venideras", cuando todo el pueblo de Cristo esté reunido en la fiesta. Por fin todos juntos podremos admirar la inmensa medida de la gracia de Dios, y por fin podremos adorar cara a cara a nuestro Salvador.

Somos parte de una historia que está creciendo hasta su apogeo, cuando Jesús sea glorificado para siempre. Tu existencia no está a la deriva sin rumbo: tienes un destino. El lugar en el que estarás dentro de cincuenta años es incierto. Dónde estarás dentro de quinientos años, no lo es. Esta no es una posibilidad vaga; es algo seguro. Así que, cuando estés rodeado de un conjunto de "tal vez" *(tal vez debería hacer esto, tal vez debería mudarme allí, tal vez debería salir con él o con ella)*, mira hacia adelante a lo que es seguro y muy emocionante.

En este sentido, la vida no puede "salirnos mal". Todas las decisiones, indecisiones e imprevistos que experimentes nunca podrán arruinarte la vida.

Y quizá necesites escuchar esto ahora mismo. Tal vez estabas seguro de haber encontrado a la chica correcta para casarte... pero ella rompió con la relación. O estabas dando pasos exitosos hacia la "adultez"... pero enfrentaste problemas de salud y tuviste que regresar a la casa de tus padres. Quizá tú y tu cónyuge estaban listos para comenzar una familia... pero ahora les toca enfrentarse a la infertilidad. O lograste conseguir el trabajo para el cual estudiaste durante años... pero unos meses más tarde te despidieron.

Nuestra cultura dice que, si trabajamos lo suficiente o creemos lo suficiente en nosotros mismos, podemos lograr lo que queremos. Pero tal vez a estas alturas, hayas tenido que aprender por las malas que eso no es verdad. Hay algunas cosas que están fuera de nuestro control.

Estos versículos nos recuerdan quién es la Persona que en realidad *está* en control: es el Dios que tiene "gran amor por nosotros" (2:4), que es "rico en misericordia (v. 4) y "gracia" (v. 7), lo que se demuestra clara y convincentemente mediante su extraordinaria "bondad por nosotros en Cristo Jesús" (v. 7). Es probable que Él no te lleve por la ruta que habías planeado, pero ha intervenido para colocarte rumbo al único destino que vale la pena.

LA PASIÓN

Si nuestros padres esperan que tengamos un plan, nuestros amigos esperan que tengamos una pasión. Suelen pensar: *No te preocupes demasiado por hacer planes o alcanzar metas. Solo haz lo que te hace feliz.*

Y si eres como yo, estas palabras te dejan rascándote la cabeza: ¿Cuál es mi pasión? ¿Cómo la encuentro? ¿Ya soy lo suficientemente feliz? ¿Cómo darme cuenta de eso?

Cuando estás cerca de tus treinta años, hay mucha presión para "conocerte"; es decir, descubrir la carrera, o la relación, o el nicho o la experiencia que te hará sentir realizado. Si no estás disfrutando de tu vida, algo anda mal y necesitas cambiarlo. La compañía de Internet Buzzfeed, gran gurú de nuestra época, lo resume de la siguiente manera: "Básicamente, la profesión que has elegido debe hacerte sentir vivo. Y si eso no sucede, está bien anhelar más" (*15 recordatorios importantes para todas las personas que estén atravesando la crisis del cuarto de vida*, en línea, 26 de diciembre de 2014).

No hay nada malo con desear sentirse feliz. Está bien "anhelar más". Pero siempre te sentirás desilusionado si no buscas en el lugar correcto; solo podemos sentirnos plenos y vivos "con Cristo" (v. 5).

Capta esto y verás que el evangelio de Jesucristo es la única cosa por la que vale la pena estar verdaderamente apasionado. Mi razón para vivir no es erizarme de pasión por lo que es y siempre será una existencia bastante mediocre (incluso si gano mucho en ese programa de televisión, o si vendo un millón de copias de este libro). Mi razón para vivir es darle a Cristo todo el mérito —demostrar cuán glorioso, misericordioso, amoroso y bueno es Él—, mientras vivo como uno de los suyos. Si tuviera un corazón que realmente comprendiera esto, no me dejaría llevar por los momentos triviales de la vida con los que estoy entretenida. No sentiría la necesidad de buscar realización

—mezclando y empalmando los pedazos del rompecabezas de mi vida, hasta encontrar la combinación que "encaja"—, porque estaría ocupada disfrutando de la realidad de que Cristo ya me ha buscado y me ha dado vida espiritual en Él.

Y también sería libre de la parálisis. La vida en Cristo nos hace libres para asumir riesgos. La respuesta cristiana para la pregunta: "¿Qué sucede si intento esto y luego no funciona o no me gusta?" es: "Bueno, si lo intentas y no funciona, aún estás vivo con Cristo". Aún tendrás lo que le da sentido a tu vida en la actualidad, como también el boleto hacia el único destino que vale la pena.

Puede que la vida no siempre vaya en la dirección que tú prefieres. Las decisiones pueden no resultar como lo esperabas. Y está bien; porque ya conoces tanto el destino como el conductor: ambos son Cristo. ¡Y eso te tiene que emocionar! Aceptes el trabajo o lo rechaces; te pongas o no de novio; busques o no un nuevo lugar donde vivir —cualquier cosa que te propongas—, haz lo único que puede hacerte sentir realmente vivo: vive tu vida con Cristo.

EL PROPÓSITO

El plan de Dios y su pasión nos dan un nuevo propósito:

> *Porque por gracia ustedes han sido salvados mediante la fe; esto no procede de ustedes, sino que es el regalo de Dios, no por obras, para que nadie se jacte. Porque somos hechura de Dios, creados en Cristo Jesús para buenas obras, las cuales Dios dispuso de antemano a fin de que las pongamos en práctica (Efesios 2:8-10).*

Este es el propósito por el que naciste de nuevo: para hacer buenas obras.

Más aún, hay obras buenas *específicas* que Dios ha "dispuesto de antemano" para que tú hagas. Piensa en esto por un momento: Dios, el autor de este inmenso plan cósmico para demostrar su gracia, ha asignado buenas obras específicamente para que tú lleves a cabo, como parte de ese plan. Cada buena obra que realizamos demuestra

"PUEDE QUE LA VIDA NO SIEMPRE VAYA EN LA DIRECCIÓN QUE TÚ PREFIERES. Y ESTÁ BIEN; PORQUE YA CONOCES TANTO EL DESTINO COMO EL CONDUCTOR".

#YESTOESTODO

que hemos sido hechos nuevos "en Cristo Jesús", que fuimos traídos de muerte a vida por un Dios lleno de gracia.

Sin embargo, si no somos cuidadosos, esto puede llevarnos rápidamente hacia un vacío existencial. En lugar de pensar: "¿Qué quiero hacer con mi vida?", podríamos terminar preguntándonos: "¿Qué es lo que Dios quiere que haga con mi vida?" y, como consecuencia, tener dificultades para intentar descifrar desesperadamente cuál es su "plan". Si Él ha preparado buenas obras para mí, ¿son en esta ciudad o en otra?, ¿incluyen una pareja o que me quede soltero?, ¡¿qué pasa si elijo la opción incorrecta?!

Este modo de pensar sobre "el plan de Dios para tu vida" es un dolor de cabeza garantizado y no es precisamente la manera en la que Él opera. No es que Dios tiene el mapa del tesoro, y nosotros tenemos que adivinar la ruta hacia el lugar marcado con X. En la mayoría de los casos, solo en retrospectiva podemos rastrear la mano de Dios en el viaje. La aplicación de Efesios 2:10 de hacer las "buenas obras, las cuales Dios dispuso de antemano a fin de que las pongamos en práctica" no tiene que ver con un conjunto específico de obras que tenemos que encontrar; sino con solo "hacer las buenas obras" que vengan a nuestro paso. A medida que hacemos eso, sabremos que esas son precisamente las obras que Dios ha planeado. Mientras estemos haciendo buenas obras, es imposible que sean las "incorrectas".

Dios ha preparado buenas obras para que desarrolles en los próximos cincuenta años. Habrá algunas grandes, como un cónyuge a quien tengas que apreciar, hijos que criar, padres que cuidar, personas vulnerables que ayudar, amigos que traer al reino de Dios. Habrá objetivos para que sueñes y sueños para que cumplas.

Y Dios ha preparado buenas obras para que las realices hoy. Habrá desorden para organizar y comidas por cocinar. Habrá amigos de la iglesia a quienes tengas que animar, vecinos por quienes orar y trabajo que realizar diligentemente.

Algunas buenas obras serán sencillas; otras serán difíciles. Algunas serán divertidas; otras serán dolorosas. Algunas te tomarán años; otras se llevarán a cabo en un instante. Pero cada una está específicamente preparada para ti por tu Salvador. Esa es razón suficiente para que salgas de la cama por la mañana, cada una de las mañanas que el Señor te regale.

CÓMO TOMAR UNA DECISIÓN, REALMENTE, DE VERDAD

Todo esto significa que no necesitamos descubrir la ruta específica determinada por Dios para nuestra vida. Pero sí necesitamos *una* ruta, ¿verdad? Y aquí es donde una dosis de sentido común y de sabiduría nos ayudan a movernos de la indecisión a la acción.

1. LIMITA TUS OPCIONES

Como cristianos, la primera pregunta es: "¿Esta es una 'buena obra'?". Dicho de otra forma: "¿Es pecado?". Por lo tanto, si estás considerando salir con alguien que no es cristiano, la respuesta es: "No lo hagas". De igual manera, si estás pensando en aceptar un trabajo en un club de estriptis, la respuesta es: "No lo hagas". Pero la mayoría de las decisiones son moralmente neutrales. "¿Debería quedarme en esta empresa o buscar un nuevo trabajo?". Bueno, ambas opciones probablemente involucren hacer buenas obras. Más complicado todavía es: "¿Qué tipo de nuevo trabajo debería buscar?". Un sinfín de oportunidades rápidamente pueden hacer que te sientas abrumado.

En *La década que define*, Meg Jay escribe acerca de un experimento sobre la manera en que los consumidores toman decisiones. En una oportunidad, se les ofreció a los clientes de un supermercado 6 diferentes tipos de mermelada para probar gratis. En otra oportunidad, se les ofrecieron 24 diferentes sabores para probar. La muestra más grande llamaba más la atención, pero generaba menos ventas: solo el 3% de los clientes compró la mermelada. Pero al elegir de entre solo 6 sabores, el 30% de los clientes compró el producto.

Aquí está la conclusión a la que ella ha llegado:

Los veinteañeros [se creen que tienen] una variedad infinita de posibilidades. Pero, cuando [les] dicen que [pueden] hacer cualquier cosa y viajar a cualquier parte, todos [acaban] como tú, en medio del océano. Es como si te pusieran ante la mesa de veinticuatro sabores. Personalmente, nunca he conocido a ningún veinteañero que realmente tuviera veinticuatro posibilidades... Llevas más de dos décadas forjando tu personalidad. Tienes experiencias, intereses, puntos fuertes, puntos flacos, títulos, complejos, prioridades... Ahora mismo estás delante de seis botes de mermelada y sabes perfectamente si te gusta más la de kiwi o la de cereza (s.p.).

(Con una variedad de mermeladas como esa, definitivamente ella hace las compras en un lugar de más clase que a donde yo voy. Pero captas el punto).

Si hay un área de la vida que te está frustrando en este momento, ¿cuáles son los sabores de mermelada frente a los cuales estás parado?

¿Cuáles son las opciones viables? Escríbelas o analízalas con algún amigo cristiano que te conozca bien. Enuméralas específicamente.

2. CONSIDERA TUS MOTIVOS

Luego, analiza tus motivos. ¿Cuál es la razón por la que quieres cambiar (o no cambiar)? ¿Qué te atrae a alguna opción en particular? ¿Es algún temor a lo desconocido, al riesgo, al qué dirán o a estar solo? ¿Es orgullo? ¿Es una ganancia material? ¿O es un motivo mejor: el deseo de servir a Dios con más de tu tiempo o de tus dones?

Los motivos son difíciles de descubrir, porque "Nada hay tan engañoso como el corazón. No tiene remedio. ¿Quién puede comprenderlo?" (Jeremías 17:9). Por eso, constantemente necesitamos cultivar sabiduría mediante la lectura de la Palabra de Dios; allí vemos con claridad los lineamientos perfectos del Padre, como una regla para medir nuestros motivos confusos.

Esto también significa que la oración es un elemento importante a la hora de tomar decisiones. Es tentador pedirle a Dios que simplemente nos diga lo que quiere que hagamos: "Señor, dame una señal pronto. ¿Qué tengo que hacer?". Pero eso es jugar al tesoro escondido con la voluntad de Dios. Es mejor orar como Pablo oró por los filipenses:

> *Esto es lo que pido en oración: que el amor de ustedes abunde cada vez más en conocimiento y en buen juicio, para que disciernan lo que es mejor, y sean puros e irreprochables para el día de Cristo, llenos del fruto de justicia que se produce por medio de Jesucristo, para gloria y alabanza de Dios (Filipenses 1:9-11).*

Los filipenses deben discernir "lo que es mejor", y ese discernimiento se construye cuando conocemos a Dios más y más. Eso sugiere que, frente a una decisión, le pedimos ayuda a Dios y luego analizamos el asunto profundamente, confiando que Él está trabajando en nosotros, en lugar de escribir en el cielo la respuesta.

La mayoría de las veces, nuestros motivos son una mezcla confusa de lo bueno y lo feo; busca cuidadosamente y casi siempre encontrarás elementos de lo segundo. Esa no es razón para dejar de hacer algo.

Pero cuando tus motivos son siempre egoístas y no son honorables, eso debería ser una bandera roja.

3. BUSCA CONSEJO

Pide consejo a unas pocas personas, principalmente a quienes te conozcan bien, amen mucho a Jesús y tengan más experiencia de vida. Escucha con atención y predisponte a cambiar de rumbo a medida que consideras lo que te dicen. No sigas preguntándoles a más y más personas hasta que te digan la respuesta que prefieres.

En esta instancia, es muy útil tener opciones limitadas. Es probable que tengas una conversación más constructiva si comienzas diciendo: "Estoy pensando en hacer A o B. ¿Qué opinas?", a que si llamas lloriqueando por teléfono: "Papi, ¿qué tengo que hacer con mi vida?".

4. HAZ ALGO

Después de haber dicho y hecho todo lo anterior, este último paso es crucial: simplemente toma una decisión.

Si decides que "no", que sea "no". Eso no significa que no vayas a poder decidir que "sí" a lo largo del camino. A veces es aconsejable revisar la decisión si tus circunstancias o tu carácter cambian con el correr del tiempo. Pero lo que resulta inútil es quedarse en un estado continuo de parálisis, con un sentido permanente de "tal vez..." en tu cabeza. Si has tomado la decisión de quedarte en tu trabajo hasta fin de año, deja de ver sitios web de trabajos. Si has tomado la decisión de no casarte con ese muchacho, rompe la relación con él. Si has tomado la decisión de no gastar en viajar el próximo verano, deja de ver las etiquetas de viajes en Instagram.

Si es un "sí", hazlo. Descifra cuál es el primer paso para llegar allí, ponte de pie y hazlo.

Mientras te ocupas de eso, puedes estar entusiasmado y seguro de que estas son las buenas obras que Dios ha preparado para ti.

No te paralices por el temor a fracasar; por gracia estás yendo hacia el cielo y no puedes salirte del camino.

No te paralices por el temor a perderte algo en la vida; es Cristo quien le da sentido a tu vida, nada más, y Él estará allí contigo.

No te paralices por temor a errar tu verdadero propósito; siempre y cuando estés haciendo buenas obras para su gloria, estarás haciendo aquello para lo que fuiste creado.

¿Qué debes hacer con tu vida? Creo que estás más cerca de descubrirlo de lo que piensas.

3. DESARRAIGADO
¿YA PUEDO IRME A CASA?

Al fin, mi madre había ganado.

Durante mis últimas visitas a casa, ella me había rogado encarecidamente que, por favor, hiciera limpieza y organizara todo el lío que tenía en mi habitación de niña. (Cuando digo "casa", me refiero a la casa de mis padres, donde crecí; no a la habitación rentada en una casa compartida a uno cuatrocientos kilómetros, donde actualmente paso más de trescientas noches al año).

Había logrado resistirme por un tiempo. En primer lugar, porque el tiempo en casa es para descansar y relajarme; no quería desperdiciarlo clasificando los desechos polvorientos de mi adolescencia. En segundo lugar, porque sospecho que mi madre tiene intenciones de convertir mi habitación en algo más: una habitación de invitados, una sala de manualidades o un gimnasio en casa. Estoy segura de que el entrenador personal que apareció desde que yo me mudé es solo el principio de algo peor.

Pero en este viaje a casa, mi conciencia se apoderó de mí y, finalmente, accedí a limpiar. A medida que vaciamos los armarios, separamos el contenido en cuatro pilas: cosas para tirar (viejas declaraciones bancarias, bolígrafos usados, artefactos rotos), cosas para llevar a la tienda de caridad (ropa vieja, adornos antiguos), cosas para llevarme a mi casa actual (papeleo importante, baterías de repuesto) y cosas para guardar en la casa de mis padres "hasta que sea un adulto con un verdadero hogar propio".

Esta última pila era la más grande.

Miré el montón de novelas, obras de arte, artículos para el hogar y fotografías, y suspiré melancólicamente. No había posibilidad de que fuera a mudarme a mi verdadero hogar en un corto plazo.

Mi madre miró la pila y suspiró con compasión. Luego volvimos a poner todo otra vez en el armario hasta el momento en que, por fin, tenga mi hogar real o que mi madre se canse de tener que conservar todo en su casa. Afortunadamente, por el momento siente pena por mí.

EXTRAÑANDO LA CASA

Las personas de nuestra generación en el Reino Unido tienen la mitad de probabilidades de tener una casa propia a la edad de treinta años, que la generación de nuestros padres. El 40% de nosotros seguirá alquilando cuando llegue a sus treinta. Ahorrar para ese elevado depósito de vivienda se dificulta por el aumento en los alquileres —soy bastante responsable al entregarle alrededor del 45% de mi ingreso directamente a mi arrendador—. Y por supuesto, las verdaderas víctimas de la crisis de la vivienda son quienes viven en alojamientos temporales, inadecuados o en hacinamiento.

Rentar no solo es caro, además es inestable. En los pasados cuatro años, he vivido en cuatro diferentes lugares, con un elenco rotativo de compañeros de casa (a veces algo peculiares). En promedio, los estadounidenses experimentan unas once mudanzas en su vida, la mayoría de estas cuando tienen entre veinte y treinta años. Estaba hablando con una amiga sobre lo que le había resultado más difícil del año anterior. La reestructuración de una compañía había afectado negativamente su trabajo, y su salud no había sido excelente, pero lo que le pegó más fuerte fue mudarse de casa dos veces. "Mudarme me parece... inquietante", dijo. *Inquietante.* No es de extrañar que muchos de nosotros terminemos sintiéndonos desconcertados.

Para ser sincera, no es una casa lo que anhelo, sino un hogar; razón por la cual aún siento tanta nostalgia. Extraño tirarme en el sofá y completar los juegos del periódico junto con mis hermanos. Extraño la lasaña de mi madre. Extraño amigos que me conocen desde que era pequeña. Extraño la familia de conejitos que teníamos como mascotas. Quizá te sientes identificado con esas cosas o tal vez desearías poder extrañar algo similar, porque tu hogar estaba quebrantado y tu niñez fue complicada. Por tanto, el dolor y la nostalgia que sientes ahora como adulto es por algo que en realidad nunca tuviste.

Mi problema (o más bien, uno de mis problemas) es que a menudo, cuando voy a casa, encuentro que no se parece tanto en realidad a lo que estaba extrañando. Mientras escribo esto, casi llega la Navidad y espero ansiosa lo que para mí es uno de los momentos más dulces del año. No se trata de reunirnos alrededor de la mesa, revivir tradiciones de la niñez o bromear con mis hermanos, sino manejar hacia la casa para la Navidad mientras escucho la canción de Chris Rea: "Driving Home for Christmas" [Conduciendo a casa para Navidad]. Manejar a casa a menudo es mejor que llegar a casa. La anticipación —el ideal—, de algún modo, resulta mejor que la realidad.

En la realidad del hogar, me encuentro discutiendo con mis hermanos y criticando a mis padres. Resulta que mis amigos están ocupados, la lasaña está quemada, y el conejo de la infancia... bueno, este murió hace mucho tiempo.

Tal vez sea consciente todos los días de que el hogar ya no es lo que solía ser, porque no solo somos la "Generación que Renta", también somos la "Generación Boomerang". En los Estados Unidos, hasta el 40% de los adultos jóvenes viven con sus padres. En el Reino Unido, es más de una cuarta parte. Tal vez eres tú, y lo odias. Te molestan los límites de tus libertades, o la relación con tu familia es tensa o peor. Incluso, aunque te gusten las comodidades de la casa, probablemente todavía estés esperando mudarte algún día.

Sospecho que dondequiera que estemos viviendo, aunque seamos propietarios de nuestra casa, compartimos un sentimiento de que la vida se va a poner mejor cuando estemos en Algún Otro Lado. Dónde exactamente es Algún Otro Lado puede variar. Puede ser una casa; o una casa más grande con una habitación extra; u otra ciudad u otro país.

Mi añoranza por casa, en realidad, no tiene nada que ver con la lasaña de mi madre. Lo que estoy buscando es un sentido de calidez, permanencia y arraigo. Pero siempre está a la vuelta de la esquina.

DESARRAIGO RADICAL

Generalmente, pensamos de este desarraigo como un problema que debe ser solucionado básicamente al ganar más, ahorrar más y comprar más.

Pero ¿qué pasaría si ser parte de la "Generación que Renta" en realidad nos diera una oportunidad única de vivir plenamente para Jesús?

Dicen que la casa de un inglés es su castillo, pero en la cultura occidental es más probable que la casa de un inglés sea su ídolo (y eso tal vez también sea cierto para un estadounidense o un australiano). Es para lo que las personas trabajan en el presente y lo que buscan para garantizar su seguridad en el futuro. Es lo que llena nuestras pantallas de televisión, nuestras revistas y nuestros sueños.

Sin embargo, como cualquier ídolo, nunca logra lo que las personas quieren. Pon un pie en la "escalera hacia una casa mejor" y no pasará mucho tiempo antes de que comiences a mirar dos peldaños más arriba y compararte con lo que otras personas tienen. Algún Otro Lado se niega obstinadamente a convertirse en Aquí Mismo.

Y si tu congregación es como la mía, las casas también son un ídolo en la cultura de tu iglesia. Creo que, durante esos quince minutos al final del servicio dominical, paso más tiempo escuchando hablar sobre comprar y renovar casas que sobre cualquier otro tema, incluso Jesús.

Sin embargo, Jesús nunca nos llamó para que lo siguiéramos y nos estableciéramos en unas habitaciones de tres camas con garaje a un lado de la carretera. No...

Iban por el camino cuando alguien le dijo:

—Te seguiré a dondequiera que vayas.

—Las zorras tienen madrigueras y las aves tienen nidos —le respondió Jesús—, pero el Hijo del hombre no tiene dónde recostar la cabeza (Lucas 9:57-58).

Jesús vivió una vida de desarraigo radical. Creció en Nazaret, pero una vez que comenzó sus tres años de ministerio, oficialmente ya no tuvo residencia fija. En los Evangelios, lo vemos recorriendo los paisajes de Medio Oriente, predicando, sanando y haciendo milagros. No está solo alquilando, está de mochilero de casa en casa.

Jesús no estaba atravesando una crisis existencial, ni siquiera una financiera. Su desarraigo radical era parte de su misión al proclamar "el reino de Dios": las buenas noticias de que cualquiera puede disfrutar una vida con Él, ahora y en la eternidad, si se arrepiente de sus pecados y cree en Él (Marcos 1:15). Los súbditos de este reino se convierten en "extranjeros y peregrinos" de este mundo, a medida que siguen a su rey por la ruta del desarraigo radical (1 Pedro 2:11).

La ruta del rey tiene un destino: nuestro hogar. Jesús describe los cielos de la siguiente manera: "En el hogar de mi Padre hay muchas viviendas... Voy a prepararles un lugar. Y, si me voy y se lo preparo, vendré para llevármelos conmigo. Así ustedes estarán donde yo esté" (Juan 14:2-3).

Esto significa que, en este momento, estás manejando a casa para Navidad, y tu lugar de destino, sin dudas, no te va a desilusionar.

Estás conduciendo hacia un lugar de fiesta y celebración eterna, con un banquete que dejará en el olvido a la mejor cena navideña que hayas tenido. Esta casa es segura y permanente, no habrá ningún propietario deshonesto ni vecinos sospechosos. Allí se encuentra nuestra familia: una multitud de hermanos y hermanas perfeccionados con quienes celebrar.

Lo mejor de todo es que Jesús mismo estará esperándonos ansioso en la puerta para dejarnos entrar. Él es quien nos conoce y nos ama más profundamente de lo que nos podamos imaginar; el que dejó su hogar en el cielo, vivió como un predicador itinerante y murió como un marginado social para traernos de vuelta al hogar. Ahora está a las puertas del cielo, listo para abrazarnos y decirnos: "Bienvenido a casa".

No está mal añorar nuestro hogar; este sentimiento de desarraigo puede ser genuinamente doloroso. Pero cuando nos sintamos así, es una buena oportunidad para fijar nuestros corazones, no en una hipoteca de cuarenta años, sino en nuestra morada con Jesús, para la que fuimos creados. Si sentimos que estamos flotando por la vida sin un lugar de donde aferrarnos, podemos alegrarnos de que el remolino de las corrientes eventualmente nos acercará a la orilla de la eternidad. Por fin en casa.

DE CAMINO

Recordar que vamos manejando a nuestra morada celestial cambia, además, nuestras expectativas del viaje. La verdad detrás del comentario de Jesús sobre las aves y las zorras es que, si queremos seguirlo a casa, tendremos que ceder a las comodidades en el camino. La prioridad ahora es "ir y proclamar el reino de Dios" (Lucas 9:60).

Esto es maravillosamente liberador. Significa que no importa si aún no te has comprado una casa. No interesa si nunca compras una casa. No has fracasado. Lo que realmente importa es que eres un ciudadano del reino de Dios y que puedes contarle a los demás sobre su Rey y demostrarles su amor. Y un estilo de vida flexible y sin compromisos aporta ciertas ventajas a fin de cuenta. Conozco a un muchacho que vive con sus padres y se gana la vida haciendo turnos intermedios en hospitales, con el fin de poder llevar a corto plazo sus habilidades médicas a los hospitales misioneros de todo el mundo. ¿Crees que él está desperdiciando sus veintitantos? Yo no lo creo.

Además, este es un desafío inmenso. Dar generosamente a la iglesia importa mucho más que amontonar tu dinero en una cuenta de ahorro. ¿Qué dice tu cuenta bancaria sobre tus prioridades? Claro que existe el concepto de prudencia financiera, pero Jesús no habló mucho sobre eso. ¿Estás abrazando un desarraigo radical por causa de Cristo, listo para ir a donde Él quiera y dar lo que sea necesario para honrarlo? ¿Enfocas tu pensamiento en proclamar el evangelio o pasas más tiempo soñando con las llaves de una casa propia? ¡Tus expectativas sobre dónde y cómo vas a vivir son bastante similares a las de las personas con las que fuiste a la escuela? ¿Es posible que hayas comprado la mentira del mundo de que establecerte es lo más importante? A mí me ha pasado con mucha frecuencia.

La última vez que me mudé de casa, me sentí un poco triste mientras empacaba mi vida en esas cajas. Ver todas mis posesiones terrenales en la parte trasera de una camioneta me recordó que no valían demasiado. La escena era algo patética.

Como parte de la mudanza, tiré muchas cosas (esta vez, sin que mi madre tuviera que regañarme). Dudé un poco al deshacerme de un montón de viejas invitaciones de boda, tarjetas y recuerdos, pero me obligué a hacerlo al recordar que no necesito aferrarme a estas cosas en un intento de hacerme sentir como en casa. Solo estoy de paso. Me espera una casa mejor.

YA ES HORA DE ESTABLECERTE

Establecerse no es la meta. Solo que, en un sentido específico, debería serlo.

Así como el cielo se describe en la Biblia como la casa de Dios, la Iglesia se describe como la familia de Dios; una extensión de esa reunión familiar que tendremos en la eternidad: "Por lo tanto, ustedes ya no son extraños ni extranjeros, sino conciudadanos de los santos y miembros de la familia de Dios" (Efesios 2:19). A menudo, pasamos por alto cómo el Nuevo Testamento describe el poder de nuestra relación con otros cristianos. No somos vecinos, ni siquiera amigos. Somos familia: "Hermanos y hermanas".

El problema es que cuando se trata de la iglesia, muchos de nosotros preferiríamos quedarnos como "extranjeros y extraños" que están de paso. Algunas de nuestras andanzas de desarraigo en nuestros veinte y treinta años son producto de las circunstancias: el mercado laboral o el lugar donde vivimos. Pero existe el peligro de que nuestra sensación de desarraigo sea en parte autoinfligida. Anhelamos el hogar, pero, al mismo tiempo, realmente no queremos establecernos.

Una amiga mía me confesó recientemente que la idea de casarse con su novio y vivir en su ciudad suburbana por el resto de su vida la hacía sentirse sofocada. Pude sentir su creciente pánico, mientras me hablaba de eso.

A principios de este año, cuando acepté una posición diferente en mi empresa e hice un compromiso a largo plazo, también me sentí un poco sofocada. La idea de que aún estaría aquí por el resto de mis veinte años, en esta ciudad, este trabajo y esta iglesia, me generaron un temor irracional. Mira, anhelo un hogar, pero tengo ganas de irme. Quiero una casa, pero no quiero que esta sea mi casa. No aquí, no todavía, no ahora. El hogar está en algún otro lugar. En algún lugar mejor. En algún lugar que no es este. (Y mientras tanto, soñaré con un año sabático pendiente para viajar por América del Sur).

Pero estoy equivocada. Mi hogar es donde está la familia de Dios. Significa que lo correcto y lo más gratificante es invertir aquí, en vez de estar siempre deseando estar en algún otro lugar. Si estoy constantemente enfocada en "¿qué sigue?", pensando que mi realidad actual es solo momentánea, corro el peligro de estar presente en cuerpo, pero no en espíritu. Sin dudas la vida me lleve a otro lado, pero ese tiempo no ha llegado. Vivir como en el limbo no resulta útil; en cambio, necesito dejar que mi iglesia empiece a sentirse como mi casa. Tú también.

Echa algunas raíces en la iglesia. Cuando lo hagas, descubrirás que tu vida es mucho más saludable.

CÓMO HACER DE UNA IGLESIA TU CASA

Tal vez estés desesperado por echar raíces en tu iglesia, pero aunque ya has asistido durante algún tiempo, aún no sientes que sea tu casa. Te sientes incómodo y extraño, todavía no conoces en profundidad a las personas, ni te conocen a ti. Dios te diseñó para ser "un cuerpo" en Cristo, pero te sientes como una de las extremidades.

Si ese es tu caso, no retrocedas, involúcrate más todavía. Mientras más hacemos iglesia, más nos sentimos iglesia; y ese principio es el mismo si hemos estado yendo a la iglesia por dos meses o por veinte años.

En Romanos 12:9, Pablo dice que nuestro amor por otros creyentes dentro de la iglesia "debe ser sincero". ¿Cómo desarrollamos ese tipo de amor arraigado, de corazón, que puede comprometerse y considerar a los demás como su familia?

A medida que seguimos leyendo, Pablo nos presenta algunos principios sobre cómo podemos hacer para que la casa de Dios se sienta como nuestro hogar.

1. IR A LA IGLESIA
Ámense los unos a los otros con amor fraternal, respetándose y honrándose mutuamente (Romanos 12:10).

Una parte principal de demostrar devoción los unos por los otros es reunirnos: "No dejemos de congregarnos, como acostumbran a hacerlo algunos, sino animémonos unos a otros" (Hebreos 10:25).

Es difícil amar a las personas si no las conocemos, y es imposible conocerlas si no las vemos. Por lo tanto, si aún no tienes el hábito de ir a la iglesia todas las semanas, ¿puedo animarte a que lo hagas? Si no asistes regularmente a una iglesia, elige una. Para algunos de nosotros es realmente difícil encontrar una iglesia, pero vale la pena perseverar. Si ese es tu caso, encontrarás un consejo útil al respecto en la página 199 que contiene una sección de recursos adicionales.

Una vez que hayas encontrado una iglesia a la cual pertenecer, involúcrate con todo. Si puedes, asiste a más de un servicio los domingos y sentirás que esa es tu casa en la mitad del tiempo que esperabas. Súmate a algún grupo de estudio bíblico y agéndalo en tus planes. Cuando surja alguna otra invitación para esos días, simplemente determínate a cumplir con tu compromiso.

Y defiende tus domingos. En una oportunidad, conté los domingos que había estado ausente de mi iglesia por los seis meses previos y me sorprendí de haber faltado un 20%. Tenía razones aceptables —pasar tiempo con mis amigos, un fin de semana para visitar a mis padres, una boda— y, por lo general, estaba en alguna otra iglesia para estos eventos. Pero no es lo mismo si no es mi iglesia.

Revisa tu propio calendario y saca la cuenta. Si dedicamos mucho de nuestro tiempo a ir a otros lugares, y después nos preguntamos por qué no nos sentimos como en casa, podría ser porque no estamos equilibrando las cosas correctamente. En ocasiones, lo más acertado es decir que no, o desocuparnos antes y hacer el esfuerzo necesario para llegar a tiempo para ver a nuestra familia de la iglesia.

2. SERVIR
Nunca dejen de ser diligentes; antes bien, sirvan al Señor con el fervor que da el Espíritu (Romanos 12:11).

"Algunas personas ven la iglesia como un helicóptero gigante. Tienen miedo de acercarse demasiado en caso de que se vean atrapados en la 'hélice' de las asignaciones de trabajo", bromea el comediante Milton Jones.

Quizá tú también tengas miedo de los turnos de trabajo y de sumarte al engranaje de la rutina. Sí, la burocracia eclesiástica a mí también me hace retorcer por dentro, pero si todavía no estás sirviendo de alguna manera en la iglesia, probablemente sea hora de que comiences. Claro, puede ser un inconveniente para tus fines de semana (ver punto uno). No, probablemente no soñaste con pasar una gran parte de tu fin de semana sirviendo café, dirigiendo el tráfico o cuidando a los niños pequeños de otras personas. Y sí, es posible servir de formas que no están tan organizadas.

Pero seamos adultos. En una familia, solo a los niños pequeños se les da todo sin requerir de ellos nada. Lavar los platos, por ejemplo. Cuando somos muy pequeños, nuestros padres lavan los platos. Cuando crecemos un poco más, nosotros ayudamos porque nos obligan a hacerlo. Pero cuando eres un adulto de verdad, comienzas a ofrecerte a lavar los platos en lugar de tus padres, porque quieres o, al menos, porque sabes que ya deberías querer hacerlo. (Si todavía no llegas a esta instancia, aplica lo aprendido en este capítulo, deja de leer y ¡ponte a lavar los platos!).

Bueno, es hora de comportarte como un adulto con respecto a la iglesia. Eso cobrará un significado diferente según las necesidades que surjan. No hagas lo mínimo para ser socialmente aceptable, haz todo lo que puedas (aunque te advierto, no te pases demasiado). Lo más importante es la actitud; hazlo de todo corazón. Sirve "fervientemente". Y, a medida que lo hagas, verás crecer el entusiasmo en tu termómetro espiritual. Conocerás mejor a las personas mientras les sirves y sirves junto con ellos. Comenzarás a sentir la satisfacción de invertirte en los demás.

Por tanto, asegúrate de preguntarle a alguien a cargo de tu iglesia cómo puedes involucrarte más. Estarán encantados. Casi todas las áreas de trabajo tienen turnos que podrían incluir tu nombre.

3. ESPERAR
Alégrense con los que están alegres; lloren con los que lloran (Romanos 12:15).

¿Ya estás cumpliendo con los pasos 1 y 2, pero todavía no sientes la iglesia como tu hogar? El paso 3, en algunas áreas, es más fácil y en otras áreas, mucho más difícil.

Solo espera, sé paciente.

Hace cuatro años que voy a mi iglesia. Hubo un período inicial de seis meses que fue como una luna de miel, porque yo era "nueva". Todos eran amigables, aunque todas las conversaciones eran triviales. Los siguientes seis meses fueron más duros, y comprendí que era normal. Los seis meses siguientes también fueron difíciles, por lo que concluí que el período de adaptación era más largo del que yo esperaba. Pero cuando pasaron dos años y medio, y todavía la mayoría de las relaciones eran triviales e insatisfactorias, me sentí profundamente desanimada.

Me he dado cuenta de que las relaciones verdaderas toman tiempo... mucho tiempo. La experiencia universitaria nos deja a algunos de nosotros con expectativas equivocadas sobre cuánto tiempo lleva esto. No existe una fórmula de crecimiento milagroso para acelerar las amistades profundas. Crecen a medida que las estaciones cambian a su alrededor. Crecen a medida que nos regocijamos juntos por las victorias de la vida, a medida que nos aferramos al evangelio cuando hay poco más en lo que encontrar esperanza, y cuando lloramos juntos ante el sufrimiento y la pérdida.

El tema es que, a la mayoría de nosotros, no nos suceden demasiados acontecimientos relevantes en un par de meses, ni siquiera en un par de años. Así que espera allí y mantén los ojos abiertos para detectar señales de que tus relaciones están creciendo: el desarrollo constante de una hoja, el brote repentino de una flor o —más difícil de ver, aunque más duradero—, el crecimiento cada vez más profundo de las raíces bajo tierra. Y cuando vislumbres estas cosas, da gracias y sigue adelante.

4. ORAR
Perseveren en la oración (Romanos 12:12).

¿Con qué frecuencia oras por otras personas de tu iglesia? Si te pareces a mí, la respuesta es "no lo suficiente". Pocos de nosotros podríamos describirnos como "fieles en la oración", pero todos podemos empezar a ser *más* fieles en la oración.

"DELANTE DE NOSOTROS HAY UN HOGAR DE SEGURIDAD Y CONSUELO QUE NO NOS DECEPCIONARÁ, CUYO PRECIO DE VENTA YA HA SIDO PAGADO".

#YESTOESTODO

Una cosa que he encontrado muy útil es la aplicación gratis para teléfonos y tabletas llamada Prayer Mate [Compañero de oración]. La configuré para incluir los nombres de las personas de mi grupo de estudio bíblico. Así me asigna una persona diferente por la cual orar todos los días, lo que me ayuda a tenerlos en cuenta, mientras no los veo durante la mayor parte de la semana. Hazte el hábito de orar por tu pastor el sábado por la noche, el domingo por la mañana o incluso cuando vas de camino a la iglesia. Cuando hables con alguien después de la iglesia el domingo, termina (o comienza) tu conversación preguntándole: "¿Cómo puedo orar por ti esta semana?".

Cuando oramos por otras personas, estamos invirtiendo en sus vidas. Mientras más perseveramos en orar por los demás, más perseveraremos en amarlos; y es así como la iglesia se convierte en nuestro hogar.

5. COMPARTIR
Ayuden a los hermanos necesitados. Practiquen la hospitalidad (Romanos 12:13).

La mayoría de nosotros asociamos la hospitalidad con generosos almuerzos dominicales en la casa de alguien después de la iglesia; lo cual, dependiendo de dónde vivas, puede no ser factible. Recibo mucha más hospitalidad de la que doy y a veces eso me hace sentir culpable, pero también me hace sentir agradecida. Espero un día poder retribuirlo.

Me encanta la carne asada, pero esa no es una descripción completa de lo que *es* hospitalidad. La esencia de la hospitalidad es el principio de *dejarnos conocer* (al permitirles a otros entrar al terreno de nuestro hogar) y de *ofrecernos por causa de otros* (cubriendo los gastos de comida y bebida por nuestra cuenta). Ambas cosas se pueden hacer de una manera que no implique invitar personas a almorzar el domingo y que coman sentados en tu cama, en tu departamento de un ambiente (aunque, ¡¿por qué no?!). Solo requiere un poco de creatividad. ¿Hay alguna persona a la que podrías invitar a tomar el té alguna noche de la semana o invitarla a comer? Si tu lugar es pequeño, haz un picnic en un parque. O averigua si puedes formar equipo con otras personas en la iglesia, tal vez alguien soltero o una familia grande que te ayude a recibirlos en su casa. No cometas el error de pensar que darle la bienvenida a los demás debe esperar hasta que tengas el lugar acondicionado con estacionamiento cubierto para los huéspedes.

SIGUE AÑORANDO

Nuestro anhelo por el hogar es algo bueno, incluso aunque en ocasiones resulte un poco difícil. Esa sensación de desarraigo nos da la oportunidad de vivir de manera radical, como Jesús; y recordar dónde realmente está nuestro hogar. En muchos sentidos, es más fácil abrazar esa verdad para un cristiano que va por la vida de mochilero, que para un propietario que debe una hipoteca.

Para cada asunto del reino de Cristo, el hogar no está aquí, sino delante de nosotros; un hogar de seguridad y consuelo que no nos decepcionará, cuyo precio de venta ya ha sido pagado en su totalidad.

Y maravillosamente, tenemos un probadita de ese hogar en nuestro viaje, domingo a domingo, mientras conducimos juntos a casa para Navidad.

4. NOSTALGIA Y REMORDIMIENTO

¿RECUERDAS AQUELLA ÉPOCA...?
OJALÁ PUDIERA OLVIDAR...

"Eso fue divertido —dije—. Me alegro de que finalmente hayamos decidido venir".

—Sí, yo también.

Mi amiga Rita y yo habíamos estado en una reunión para celebrar que un amigo de la universidad se iba a casar, y ahora íbamos cuatro horas por el camino de regreso a casa.

Había sido un buen día. Recordamos el grupo de estudio bíblico en el que todos nos conocimos, las personas que nos formaron y las aventuras en las que habíamos estado. Recordamos los tiempos que pasamos estudiando la Biblia en una agradable sala de estar, las tardes que pasamos cocinando en la iglesia, los domingos por la noche que pasamos viendo la televisión en la casa de alguien con una taza de té (lo sé, suena bastante aburrido).

—Ah, Manchester —dije mirando con melancolía por la ventana, mientras el paisaje de la ciudad (una vez tan familiar) de casas de ladrillo rojo se diluía en los suburbios—. Míralo. Me siento... me siento... —Busqué una palabra profunda que capturara mis emociones—: Me siento... mmm... ¿triste?

Rita sonrió.

—Lo que sientes, Rachel, es nostalgia.

Ella tenía razón. Nostalgia era precisamente lo que estaba sintiendo.

La palabra "nostalgia" proviene de dos palabras griegas que describen muy bien la sensación de esta emoción: *nostos*, que significa "regresar a casa", y *algos*, que significa "dolor". Es la misma palabra que equivale al término médico "mialgia" para describir el dolor muscular. Y si sufrimos de nostalgia, "mialgia", lo que nos duele es el corazón.

UNA CÁLIDA TRISTEZA

La nostalgia es una emoción extraña. Por un lado, hay calidez y cariño al recordar los buenos momentos y las estaciones felices. Pero al mismo tiempo, hay una tristeza que viene de saber que esos momentos ahora solo existen en nuestra memoria, y nunca los recuperaremos de nuevo. La nostalgia es un anhelo de "volver a casa" —a cualquier momento familiar, feliz y seguro que represente lo que "hogar" es para nosotros— mezclado con el dolor de saber que ya no podemos regresar. Es un despertar frente al lento y constante transcurso del tiempo que somos incapaces de detener.

La sensación de nostalgia está detrás de gran parte de nuestra cultura popular. Es la razón por la que das clic en los artículos de Buzzfeed sobre "13 cereales para el desayuno que cada niño de los noventa recordará" o "17 artículos de papelería que necesitamos usar de nuevo". Y la nostalgia explica por qué mi grupo de amigas de la escuela, que ya son mujeres adultas con trabajos y relaciones establecidas, tienen una continua obsesión por todas las cosas de Harry Potter, la franquicia que nunca muere.

La nostalgia también es evidente en nuestras elecciones de moda y de música. Las ventas de discos de vinilo recientemente alcanzaron el récord de los últimos veinticinco años. Independientemente de cómo los escuchemos, nos encantan las viejas canciones que nos remontan a nuestra juventud, y las nuevas que reproducen ese sentimiento. No podemos evitar sonreír mientras cantamos con Ed Sheeran, "Castle On The Hill".

Con el tiempo, cada generación se vuelve nostálgica, pero me pregunto si la tecnología ha impulsado a mi generación a abrazar ese sentimiento antes que los demás. A las redes sociales les gusta recordarnos lo que estábamos haciendo en este día hace tres, cinco o diez años. Mientras miramos nuestros teléfonos de camino hacia nuestros trabajos de adultos, sonreímos con nostalgia al ver una versión más joven y despreocupada de nosotros mismos con un gesto de felicidad. Podemos compartir memes de la cultura pop de nuestra infancia con solo presionar un botón. Internet nos permite transmitir las viejas comedias y series que solíamos mirar cuando llegábamos a casa de la escuela. Es irónico que sea la nueva tecnología en nuestras manos lo que aviva nuestro anhelo por una era pasada, más simple y sin tecnología.

Es cierto que hay algunas formas en que esta cultura de nostalgia colectiva es diversión inofensiva. Pero... ¿no te resulta un tanto extraño? Si yo y miles de otros estamos dedicando nuestro tiempo libre a leer sobre sacapuntas de hace veinte años, claramente algo está ocurriendo en lo profundo de nuestra psiquis. Esto no siempre es útil (lo que está sucediendo, o sea, no los sacapuntas que siguen siendo útiles, incluso en la era del iPhone). A veces nuestra obsesión con el pasado oculta una relación incómoda con nuestro presente y un temor hacia nuestro futuro. Como lo afirma el escritor de Eclesiastés:

Nunca preguntes por qué todo tiempo pasado fue mejor. No es de sabios hacer tales preguntas (Eclesiastés 7:10).

Pero la nostalgia no es la única forma en que recordamos nuestras vidas desde el presente, porque solo nos recuerda los tiempos felices. Y, por supuesto, todos tenemos momentos en nuestro pasado que no fueron color de rosa, cosas que hicimos o que nos hicieron, de las que nos arrepentimos o lamentamos.

Para algunos de nosotros, estos remordimientos continúan nublando nuestra existencia años después. Nos preguntamos cómo habría cambiado la dirección de nuestra vida si hubiéramos tomado una decisión diferente. ¿Estaríamos ahora en un mejor lugar?

Quizá hubo relaciones que fueron demasiado lejos o se rompieron demasiado pronto; o trabajos u oportunidades que te perdiste por haberlos rechazado. *Si tan solo hubiera sabido... Si tan solo hubiera dicho... Si tan solo hubiera hecho las cosas de manera diferente.* Tal vez te has guardado un secreto, un error que cometiste o una herida que alguien más te infligió, y todavía te lastima por dentro. Te preguntas si alguna vez podrás seguir adelante. (Y vale la pena decir aquí mismo que si esa herida fue causada por algún tipo de abuso o negligencia, necesitas mucho más que leer este capítulo. Por favor, habla con un amigo o pastor cristiano de confianza).

Al considerar nuestro pasado, a menudo estamos atrapados entre estas dos emociones ligeramente (o severamente) desagradables.

La nostalgia dice: *Ojalá pudiera revivir ese momento de mi vida.*

El remordimiento dice: *Desearía poder borrar ese momento de mi vida.*

Pero la verdad es que no podemos hacer ninguna de las dos cosas. Ninguna de esas dos formas de pensar nos ayudará a prosperar como adultos. Seguramente, hay una mejor manera de mirar hacia atrás. Después de todo, nunca es tarde para descubrirla, ya que cuanto más vivamos, más tendremos que mirar hacia atrás. Vale la pena hacer las paces con nuestro pasado.

SUSPIRANDO POR ESOS DÍAS DORADOS DEL TEMPLO

Hay un curioso incidente escondido en el libro de Esdras, del Antiguo Testamento. En este punto de la historia bíblica, los israelitas habían sido derrotados por la superpotencia de la época: Babilonia. Su país había sido arruinado, y sus mejores personas habían sido llevadas al exilio en un país extranjero. En Babilonia, el pueblo de Dios pasó setenta largos años suspirando por Israel, la tierra de sus antepasados, hasta que finalmente, en el libro de Esdras, regresaron a casa.

Lo primero que hicieron los exiliados que regresaron a Jerusalén fue comenzar a reconstruir el templo saqueado, el edificio que simbolizaba el centro de la adoración judía. El templo era el lugar donde el Dios viviente había habitado en gloria y donde su pueblo podía comunicarse con Él. En esta etapa, las personas eran dirigidas por un hombre llamado Zorobabel (el mismo Esdras no llegó hasta más tarde). Reconstruyeron el altar para poder comenzar a ofrecer de inmediato sus sacrificios a Dios. Y luego, en un gran espectáculo pomposo, sentaron las bases del templo mismo.

Toda la descripción está destinada a hacer eco de la edad de oro en la historia de Israel, hacía más de quinientos años, cuando Salomón había construido el primer templo (época que era como el equivalente israelita a nuestra década de los 90 o a la del año 2000, si eres realmente joven). Así como lo hizo Salomón, los exiliados que regresaron trajeron a los mejores comerciantes y enviaron los suministros de construcción desde Tiro y el Líbano. Y así como hizo Salomón, comenzaron a trabajar en el segundo mes del calendario judío, cuando las lluvias empezaban a disminuir y los campos estaban llenos de alimentos para cosechar.

Cuando se reunieron para celebrar que los cimientos se habían establecido con éxito, pusieron algunas canciones retro. Los sacerdotes y los levitas vistieron su mejor ropa, tocaron las trompetas y los platillos, y cantaron la misma canción que se había cantado para celebrar la dedicación del templo de Salomón:

> *«Dios es bueno; su gran amor por Israel perdura para siempre». Y todo el pueblo alabó con grandes aclamaciones al* SEÑOR, *porque se habían echado los cimientos del templo (Esdras 3:11).*

Era un gran momento de regreso a casa para el pueblo de Dios, sin embargo, la celebración estuvo teñida de tristeza:

> *Muchos de los sacerdotes, levitas y jefes de familia, que eran ya ancianos y habían conocido el primer templo, prorrumpieron en llanto cuando vieron los cimientos del nuevo templo, mientras muchos otros gritaban de alegría. Y no se podía distinguir entre los gritos de alegría y las voces de llanto, pues la gente gritaba a voz en cuello, y el ruido se escuchaba desde muy lejos (vv. 12-13).*

Estos israelitas mayores recordaron el glorioso templo de los días de Salomón, y lloraron, porque este nuevo palideció en comparación. Era mucho más pequeño, mucho menos lujoso. Además, no era solo este edificio: el estado general de Israel en el escenario mundial se había reducido drásticamente, y su débil templo era solo una señal de eso. La vieja guardia sabía que las cosas estaban mejor en los días previos al exilio. Es así como, en lugar de una celebración total, tenemos esta escena agridulce de alegría y tristeza, algo así como mi nostálgico viaje en automóvil a casa desde Manchester.

Estos israelitas mayores probablemente lloraban no solo de desilusión, sino también de arrepentimiento. Después de todo, la razón por la que habían sido llevados al exilio era un castigo por su desobediencia persistente. Después que el rey Salomón construyó su templo, las cosas se desmoronaron lentamente, porque los israelitas comenzaron a adorar a otros dioses falsos. Esta nueva generación de israelitas terminaría llorando de nuevo unos años más tarde, mientras escuchaban la lectura de la ley, porque podían ver cuán lamentablemente ellos y sus antepasados habían fallado (Nehemías 8 y 9). Si tan solo hubieran escuchado las advertencias de los profetas. Si tan solo hubieran cambiado sus caminos y se hubieran vuelto al Dios verdadero, el exilio nunca habría sucedido, y el templo de Salomón aún estaría en pie.

Entonces, cuando la vieja guardia de israelitas se paró frente al templo a medio construir de Zorobabel y recordó los días pasados, desearon poder revivirlos y desearon poder borrarlos.

Por supuesto, al igual que nosotros, ellos tampoco podían hacerlo.

Pero Dios no los dejó allí, atrapados en un embrollo de nostalgia y remordimiento, sino les dio palabras de consuelo, esperanza y un propósito renovado. Envió a dos profetas para hablar con Zorobabel y el resto de los israelitas sobre este asunto decepcionante del templo: Hageo y Zacarías. Ambos también pueden ayudarnos a tener una mejor actitud hacia el pasado.

LO PEQUEÑO PUEDE SER HERMOSO

El problema de suspirar por el pasado es que corremos el riesgo de perdernos lo que Dios está haciendo en el presente. Eso es básicamente lo que Dios les dice a los israelitas por medio de Zacarías:

> Entonces vino a mí la palabra del SEÑOR: «Zorobabel ha puesto los cimientos de este templo, y él mismo terminará de construirlo. ¡Así sabrán que me ha enviado a ustedes el SEÑOR Todopoderoso! Cuando vean la plomada en las manos de Zorobabel, se alegrarán los que menospreciaron los días de los modestos comienzos. ¡Estos son los siete ojos del SEÑOR, que recorren toda la tierra!» (Zacarías 4:8-10).

Dios describía el presente de los israelitas como "los días de los modestos comienzos". No estaba tratando de endulzar la verdad ni de convencerlos de que su presente realmente era mejor. Él no les dijo: *Lo estás recordando todo mal. Este templo es en realidad tan bueno como el de Salomón. Claro que es diferente... pero es una buena diferencia.* No, este era realmente un día de pequeñas cosas y pequeños templos.

Y tal vez sientas que también estás viviendo en un día de cosas pequeñas, y desearías poder volver a una época cuando las cosas eran más grandes.

Quizá estés enfrentando un día que se siente "pequeño" en cuanto a lo espiritual, y miras nostálgicamente hacia atrás, a un período de tu vida en que Dios parecía más claro y cercano, seguir a Jesús parecía más emocionante, y tus esfuerzos en la iglesia o en el evangelismo eran más efectivos.

Quizá estés enfrentando un día que se siente "pequeño" en cuanto a las relaciones, y miras nostálgicamente hacia atrás, a una etapa en la que estabas enamorado por primera vez, o tus amistades parecían más enriquecedoras, o simplemente tu libertad de salir y manejar tu tiempo era más frecuente.

Quizá estés enfrentando un día que se siente "pequeño" en cuanto a lo físico, y miras nostálgicamente hacia atrás, cuando eras más saludable, padecías de menos dolores o contabas con la energía para hacer todo lo que querías.

Y sí, puede que tu vida en la actualidad sea como un día de pequeños comienzos. Algunas veces sucede así. No tiene sentido negar lo que fue "grande" en el pasado; seguramente habrá algunos momentos especiales y gloriosos que quedarán atrás, pero la solución no es mirar atrás y lamentarnos, sino mirar atrás y agradecer por cada uno de esos momentos.

Mientras admitimos lo que ahora es "pequeño", debemos tener cuidado de no "despreciarlo", menoscabarlo ni resentirlo. Dios todavía está trabajando en el día de las cosas pequeñas. Zacarías nos da una imagen extraordinaria de *Dios mismo* regocijándose cuando sus ojos ven a Zorobabel colocar la piedra angular en posición para terminar el templo. Aquí encontramos una magnífica verdad: no tenemos que hacer "grandes cosas" para impresionar a Dios. Él no es tan alto y poderoso como para estar por encima de nuestras cosas pequeñas; más bien, trabaja por medio de estas. Y hacemos feliz a Dios cuando nos mantenemos fieles a su trabajo, sin importar cuán sencillo parezca en comparación con lo que hayamos vivido anteriormente. Esto es lo que hace sonreír a Dios.

Por tanto, sí, podrías estar en un día de cosas pequeñas, pero no lo menosprecies. Si Dios se regocija, no hay lugar ni razón para que estés resentido.

SUBE A BORDO

Dios no solo desafía el modo en que nosotros *pensamos* sobre el pasado y el presente; por medio de Hageo, nos dice que también transforma lo que *hacemos* en el presente.

El día veintiuno del mes séptimo, vino palabra del Señor por medio del profeta Hageo: «Pregunta a Zorobabel hijo de Salatiel, gobernador de Judá, al sumo sacerdote Josué hijo de Josadac, y al resto del pueblo: "¿Queda alguien entre ustedes que haya visto esta casa en su antiguo esplendor? ¿Qué les parece ahora? ¿No la ven como muy poca cosa? Pues ahora, ¡ánimo, Zorobabel! —afirma el Señor—. ¡Ánimo, Josué hijo de Josadac! ¡Tú eres el sumo sacerdote! ¡Ánimo, pueblo de esta tierra! —afirma el Señor—. ¡Manos a la obra, que yo estoy con ustedes! —afirma el Señor Todopoderoso—. Mi Espíritu permanece en medio de ustedes, conforme al pacto que hice con ustedes cuando salieron de Egipto. No teman» (Hageo 2:1-5).

El peligro era que Zorobabel y los israelitas se desanimaran tanto por el lamentable estado del templo en comparación con su apogeo, que dejaran de construir y se rindieran. Por eso, Dios les dic dos órdenes claras: "Ánimo... y manos a la obra". *Sigan adelante.* ¿Por qué? Porque Dios estaba con ellos. Les recordó que Él mismo tenía un pacto con ellos; una relación de amor comprometida a la cual siempre se apegaría. Les recordó lo que había hecho por ellos en el pasado al rescatarlos de Egipto y les reconfirmó que todavía estaba con ellos por su Espíritu. Él estaba de su lado.

Cuando nos sentimos inundados de nostalgia o de remordimiento, esto es lo que también debemos recordar.

A veces es útil mirar hacia atrás. Es bueno recordar el pacto de Dios con nosotros y las poderosas cosas que ha hecho en nuestro pasado. Podemos reflexionar y alegrarnos por la forma en que nos trajo a la fe, las personas que ha usado para hacernos crecer, su forma sorprendente de orquestar las situaciones, los cambios que ha hecho en nuestro carácter, la forma en que nos ha usado para hacer ciertas cosas, etc. No hagas un viaje por el camino de los recuerdos sin detenerte a admirar estas flores de la gracia de Dios en el camino. Ciertamente estarán allí, aunque también haya ortigas dolorosas entre la maleza.

Sin embargo, recordar no está destinado únicamente a dejarnos con un sentimiento cálido y difuso; está destinado a ayudarnos a "cobrar ánimo y poner manos a la obra".

"LO MEJOR NO ESTÁ
EN TU PASADO; LO
MEJOR ESTÁ POR
VENIR".

#YESTOESTODO

A veces, queremos recuperar nuestro pasado y tomar decisiones estúpidas en un intento de recapturarlo. *¿Será que tal vez deba regresar a Manchester?* —pienso con nostalgia—. *¿O mejor me tomo un año sabático antes de que sea demasiado vieja?* Pero ninguna de esas cosas es una muy buena idea en este momento.

Quizá estés tentado a dejar un trabajo estresante o a salir de una relación difícil. Y si bien las dos cosas parezcan ser sabias, no son una buena estrategia para retroceder el reloj. Mencioné en el capítulo 2 que Dios nos ha puesto donde nos quiere, y que hay "buenas obras" específicas que ha "preparado de antemano para que hagamos" (Efesios 2:10). Algunas de estas serán difíciles, pero valdrá la pena hacerlas a todas, y el Espíritu de Dios nos fortalecerá para lograrlo.

Por lo tanto, deja de vivir en el pasado y busca las personas que puedes amar y las buenas obras que puedes hacer en el presente. Ánimo y manos a la obra.

LO QUE NOS ESPERA

Dios continúa diciéndole algo más a Hageo. Básicamente: *Esto no es todo. Lo mejor está por venir.*

Recuerda, la celebración del nuevo templo hacía eco de la dedicación del templo de Salomón. Pero faltaba una cosa importante. Si retrocedemos a 2 Crónicas, vemos que en los días de Salomón hubo una respuesta muy diferente a esa canción de alabanza:

> *Los trompetistas y los cantores alababan y daban gracias al* SEÑOR
> *al son de trompetas, címbalos y otros instrumentos musicales. Y,*
> *cuando tocaron y cantaron al unísono: «El* SEÑOR *es bueno; su gran*
> *amor perdura para siempre», una nube cubrió el templo del* SEÑOR*.*
> *Por causa de la nube, los sacerdotes no pudieron celebrar el culto, pues*
> *la gloria del* SEÑOR *había llenado el templo* (2 Crónicas 5:13-14).

El clímax de la celebración de Salomón fue esta nube sobrenatural que descendió sobre el templo. Era un símbolo de la real, asombrosa, majestuosa y misteriosa presencia de Dios, quien estaba con ellos de manera real e inconfundible.

Por lo tanto, parte de la desilusión sobre el templo de Zorobabel era que tal nube de gloria nunca descendió, ni cuando pusieron el fundamento, ni cuando el templo fue terminado. Sin la gloria de Dios que llenara el templo, el edificio no era para nada glorioso, más bien era una desilusión. Por eso, es tan significativo lo que Dios les dice por medio de Hageo:

> *Porque así dice el* SEÑOR *Todopoderoso: "Dentro de muy poco haré que se estremezcan los cielos y la tierra, el mar y la tierra firme; ¡haré temblar a todas las naciones! Sus riquezas llegarán aquí, y así llenaré de esplendor esta casa —dice el* SEÑOR *Todopoderoso—. Mía es la plata, y mío es el oro —afirma el* SEÑOR *Todopoderoso—. El esplendor de esta segunda casa será mayor que el de la primera —dice el* SEÑOR *Todopoderoso—. Y en este lugar concederé la paz", afirma el* SEÑOR *Todopoderoso (Hageo 2:6-9).*

Básicamente, Dios les estaba diciendo: *Sí, ahora las cosas parecen comunes y corrientes, pero lo mejor no está en tu pasado; lo mejor está por venir. Esto no es todo.* Los israelitas no necesitaban quedarse suspirando por los viejos días del templo de Salomón, porque se aproximaba algo mayor: "El esplendor de esta segunda casa será mayor que el de la primera" (Hageo 2:9).

Si avanzas seiscientos años, verás que los discípulos de Jesús están sorprendidos, no decepcionados, por la apariencia del templo (Marcos 13:1), el cual había tenido una remodelación desde los días de Zorobabel. Sin embargo, la gloria de Dios aún no había venido a habitar allí. Pero Jesús nunca se sintió impresionado por eso. Lo miró y dijo: "Destruyan este templo —respondió Jesús—, y lo levantaré de nuevo en tres días" (Juan 2:19). En otras palabras, *esto no es todo. Viene algo mejor.*

Más adelante, los discípulos se dieron cuenta de a qué se refería con *algo mejor*: "Pero el templo al que se refería era su propio cuerpo"

(Juan 2:21). El templo del Antiguo Testamento procuraba proporcionar un camino para que los pecadores accedieran en paz a la presencia de Dios. Por eso, los israelitas realizaron sacrificios diarios de animales allí durante cientos de años. Pero todo apuntaba al momento en que el cuerpo de Jesús, lacerado en la cruz y resucitado tres días después, alcanzara la paz con Dios de una vez y para siempre. Por eso, cuando Jesús se apareció a sus amigos después de su resurrección, lo primero que dijo fue: "¡La paz sea con ustedes!" (Juan 20:19). Por medio del sacrificio de Jesús mismo, cualquier persona, desde cualquier parte del mundo, puede acceder a la presencia de Dios en paz mediante la oración, incluso ir a la presencia de Dios en paz, más allá de la muerte.

No es de extrañar que Dios le dijera a Zorobabel: *Lo mejor está por venir.*

Y en un sentido, también nos dice eso hoy. Por mucho que parezca lo contrario, lo mejor no está detrás de ti. ¡No! Lo mejor está por venir.

En el libro de Apocalipsis, al final de la Biblia, se nos da una imagen de lo que será para nosotros entrar a la presencia misma de Dios en paz en el cielo. Tal como habló el profeta Hageo sobre la llegada de algo "deseado por todas las naciones", en Apocalipsis el apóstol Juan ve "una multitud tomada de todas las naciones, tribus, pueblos y lenguas; [que] era tan grande que nadie podía contarla. Estaban de pie delante del trono y del Cordero" (Apocalipsis 7:9). Esta multitud son las personas "que están saliendo de la gran tribulación; han lavado y blanqueado sus túnicas en la sangre del Cordero" (Apocalipsis 7:14), cristianos que se han mantenido fieles a Cristo en todo el embrollo, el desorden y la miseria de la vida en este mundo. Y así es la vida para ellos ahora, en el cielo:

> *Por eso están delante del trono de Dios, y día y noche le sirven en su templo; y el que está sentado en el trono les dará refugio en su santuario. Ya no sufrirán hambre ni sed.*
>
> *No los abatirá el sol ni ningún calor abrasador. Porque el Cordero que está en el trono los pastoreará y los guiará a fuentes de agua*

viva; y Dios les enjugará toda lágrima de sus ojos (Apocalipsis 7:15-17).

No sé qué es lo que no está funcionando en tu vida en este momento —las cosas que te hacen querer volver a una época más fácil y feliz—. No sé qué te gustaría poder cambiar de tu pasado. Pero sí sé que, sea lo que sea que haya quedado atrás, si eres cristiano y has sido lavado "en la sangre del Cordero", entonces este es el futuro que te espera del otro lado de la tumba.

Un futuro donde disfrutarás de estar protegido por la presencia de Dios, completamente seguro y libre de miedo. Un futuro sin ninguna necesidad material o física. Un futuro que está libre de cualquier sentido de anhelo relacional o espiritual, porque Cristo te guía a un agua viva que te satisface. Un futuro donde los recuerdos dolorosos y los remordimientos se desvanecen, mientras Dios mismo limpia tus lágrimas de arrepentimiento.

Este es un tiempo que vale la pena anhelar, y está delante de ti, no detrás.

¿Estás sufriendo de una nostalgia/mialgia poco saludable? Una forma de saberlo es si anhelas más tu pasado que tu futuro. Si pasas más tiempo leyendo sobre artículos de los años noventa, que pensando en lo que Dios ha preparado para ti en la eternidad, es hora de cambiar tu perspectiva.

Ese pasado puede haber sido color de rosa o puede haber sido miserable, y probablemente haya sido una mezcla de ambos. Tal vez estés enfrentando un "día de pequeños comienzos" en este mismo momento. Y sí, es posible que tu mejor tiempo en esta tierra haya quedado en tu pasado.

Pero mantén tus ojos fijos hacia adelante, no hacia atrás. Porque una cosa es segura: tus mejores días están por venir.

5. ODIO MI TRABAJO
¡¿CUÁNTO FALTA PARA JUBILARME?!

Pregunta: ¿A qué vas a dedicar 92.120 horas de tu vida?

Respuesta: A trabajar.

Y seguro que a menudo se siente así, ¿verdad?

Cuando consideramos la realidad de tantas horas dedicadas a trabajar, algunos de nosotros miramos el reloj, y otros buscamos superarnos.

El reloj marca el tiempo hasta que podamos dejar de trabajar y hacer algo divertido.

Contamos las horas hasta el final del día, los días hasta el final de la semana, las semanas hasta nuestro gran viaje del año y los años hasta que podamos jubilarnos. Un amigo me dijo sobre alguien que conoció recientemente en un almuerzo que tenía una cuenta regresiva en su teléfono: 368 meses hasta su jubilación. (A lo que pensé: *¿Eso es todo? Su fondo de pensiones debe estar en mejor estado que el mío...*). Si bien es triste imaginar que alguien solo desee los próximos treinta años de su existencia, estoy segura de que caigo en esta mentalidad con más frecuencia de lo que quisiera. Sospecho que, en el fondo, la mayoría de nosotros somos naturales observadores del reloj.

Pero esa es una forma deprimente de vivir. Si vamos a pasar tantas horas trabajando, más vale que saquemos provecho de ello. Por eso, buscamos avanzar, constantemente tratando de subir un poco más en nuestra carrera elegida. Planificamos con anticipación el próximo proyecto, o la próxima promoción o la próxima empresa, buscando una oportunidad para saltar al siguiente peldaño corporativo. Y las personas de entre veinte y treinta años tienden a saltar por esa escalera con bastante frecuencia. En estos días, es común que los graduados ya hayan tenido unos cuatro trabajos diferentes antes de los 32 años.

Pero a veces la escalera resulta no ser una escalera en absoluto: es más como las escaleras móviles en la Escuela de Brujería y Hechicería de Hogwarts, de Harry Potter. Todos los demás parecen saber cómo usarlas, pero tú te sientes como uno de esos confundidos estudiantes de primer año, porque ninguno de tus esfuerzos para ascender te lleva a donde quieres ir. Apuntaste a una carrera en periodismo, pero en cambio terminaste en una parte oscura del castillo dedicándote a ingresar datos para un gerente como Myrtle, la llorona. Estás atrapado en el peldaño inferior de la escalera equivocada. O tal vez todavía estás luchando para conseguir trabajo.

Si hay una cosa que distingue a nuestra generación de nuestros antepasados, es un deseo no solo de tener trabajo, sino de que nuestro trabajo signifique algo. Queremos trabajar para pagar las facturas (aunque en estos días, no hay garantía de poder hacerlo), pero también queremos que el trabajo nos produzca un sentido de realización. Vi un anuncio en un autobús para un sitio web de empleo que reproducía la canción de Madness de los años noventa con el eslogan: "Lunes. Eso debe ser amor". La implicación es clara: debes amar lo que haces, y si no es así, te debes a ti mismo encontrar el trabajo que amas.

Sin embargo, muy a menudo nos sentimos decepcionados. La empresa de encuestas Gallup descubrió que solo el 29% de nosotros estamos "comprometidos" con nuestro trabajo; en otras palabras, menos de un tercio de nosotros estamos emocionalmente involucrados en nuestros trabajos. ¿Por qué algo que queremos amar resulta ser tan difícil de amar?

DEBERÍA SER GRATIFICANTE

Está bien desear que el trabajo sea gratificante, porque debería ser gratificante. Al igual que en muchas áreas de la vida, podemos encontrar la raíz de nuestras conflictivas aspiraciones profesionales en las primeras páginas de la historia humana.

Probablemente, estés familiarizado con Génesis 1, donde Dios hace cosas, y esas cosas son buenas. Pero Génesis 2 nos da un relato más detallado del proceso de creación. El versículo 5 retoma la historia desde la mitad:

> *aún no había ningún arbusto del campo sobre la tierra, ni había brotado la hierba, porque Dios el SEÑOR todavía no había hecho llover sobre la tierra ni existía el hombre para que la cultivara (Génesis 2:5).*

Dios planea convertir su lienzo en blanco de la creación en un hermoso y abundante jardín. Pero le faltan dos cosas: agua y un trabajador.

> *...salía de la tierra un manantial que regaba toda la superficie del suelo. Y Dios el SEÑOR formó al hombre del polvo de la tierra, y sopló en su nariz hálito de vida, y el hombre se convirtió en un ser viviente. Dios el SEÑOR plantó un jardín al oriente del Edén, y allí puso al hombre que había formado... Dios el SEÑOR tomó al hombre y lo puso en el jardín del Edén para que lo cultivara y lo cuidara (Génesis 2:6-8, 15).*

Así que ahora hay agua y un trabajador, pero *aún* falta algo: una mujer. Resulta que un trabajador no es suficiente:

> *Luego Dios el SEÑOR dijo: «No es bueno que el hombre esté solo. Voy a hacerle una ayuda adecuada» (Génesis 2:18).*

Y luego de una pequeña cirugía invasiva a Adán, fue formada la mujer. Ahora hay dos seres humanos autónomos, con diferentes fortalezas y habilidades, pero la misma misión. Porque, como te suelen decir en una jornada de convivencia corporativa, el trabajo en equipo hace que el sueño funcione. Y Dios ha establecido su gran sueño para la humanidad en Génesis 1:27-28:

Y Dios creó al ser humano a su imagen; lo creó a imagen de Dios. Hombre y mujer los creó, y los bendijo con estas palabras: «Sean fructíferos y multiplíquense; llenen la tierra y sométanla; dominen a los peces del mar y a las aves del cielo, y a todos los reptiles que se arrastran por el suelo».

El trabajo es parte de lo que Dios nos ha encomendado hacer, como seres humanos creados a su imagen. Así como Dios pasó seis días completando y ordenando la creación, en estos versículos Él les delega a los seres humanos la tarea de continuar completando y ordenando la creación. El hombre y la mujer deben tener bebés y tomar decisiones; cultivar alimentos y proponer ideas; organizar animales y coordinar celebraciones.

Por eso, el trabajo *debería* ser gratificante y, en ocasiones, lo *es*. Es emocionante alcanzar objetivos, porque estamos trabajando a imagen de Dios. Nos sentimos bien cuando trabajamos con otros para lograr algo juntos, que no podríamos obtener por nuestra cuenta, porque estamos trabajando a imagen de Dios. Es gratificante terminar un proyecto, porque estamos trabajando a imagen de Dios. Aceleramos nuestro avance cuando nuestro trabajo mejora la vida de otra persona, porque estamos trabajando a imagen de Dios.

Y esto significa que cualquier trabajo que hagamos, aunque estemos subempleados, mal pagados o infravalorados, si estamos haciendo el trabajo de completar y ordenar la creación, entonces ese trabajo vale la pena, porque estamos trabajando a imagen de Dios.

El trabajo es, puede ser y debería ser maravilloso.

Sin embargo, muy a menudo, no lo es. Y Génesis también nos dice por qué eso es así.

DE LA JARDINERÍA A LA BATALLA

El hombre y la mujer decidieron que querían algo más que el trabajo que Dios les había asignado. Querían ser "como Dios": sentarse en su oficina y tomar las decisiones ellos mismos (Génesis 3:5). Fue así

"NO SÉ CUÁNTO TE VALORA TU JEFE, PERO SÍ SÉ CUÁNTO TE VALORA TU SEÑOR".

#YESTOESTODO

como comieron la fruta que se les había ordenado que no comieran, y a causa de su desobediencia, la creación entera se desmoronó junto con ellos. Desde ese momento, el trabajo nunca ha sido perfectamente gratificante.

En Génesis 3, Dios explicó las consecuencias de su pecado:

Al hombre le dijo: «Por cuanto le hiciste caso a tu mujer, y comiste del árbol del que te prohibí comer, ¡maldita será la tierra por tu culpa! Con penosos trabajos comerás de ella todos los días de tu vida. La tierra te producirá cardos y espinas, y comerás hierbas silvestres. Te ganarás el pan con el sudor de tu frente, hasta que vuelvas a la misma tierra de la cual fuiste sacado. Porque polvo eres, y al polvo volverás» (Génesis 3:17-19).

La entrada del pecado en el mundo trajo maldición sobre la bendición de Dios. El proyecto de jardinería que Dios le había dado a la humanidad se convirtió en una batalla con la creación. Lo que una vez fue una tarea emocionante marcada por la alegría y la abundancia, se convirtió en una lucha por sobrevivir marcada por el dolor y la frustración. La perfecta relación laboral del hombre y la mujer fue destruida por conflictos, culpas y luchas de poder.

La razón por la cual el trabajo suele ser tan horrible es nuestro pecado y el pecado que nos rodea. Nuestros colegas son chismosos, o nuestros jefes son autoritarios, porque el trabajo está bajo maldición. Nos sentimos abrumados al mirar una lista de tareas pendientes, nunca acabaremos, porque el trabajo está bajo maldición. Cometemos errores por negligencia o por accidente, porque el trabajo está bajo maldición. Nuestro esfuerzo duro solo sirve para enriquecer a las personas ricas, porque el trabajo está bajo maldición. Nuestro empleo es simplemente aburrido, porque el trabajo está bajo maldición. Y la lista continúa...

Los capítulos 1 al 3 de Génesis nos demuestran que nuestras carreras se desarrollan bajo dos realidades: la imagen de Dios y la maldición de Dios. Experimentamos ambas cosas.

Conocer eso nos permite tener expectativas más realistas en cuanto a nuestro trabajo. Algunas veces será gratificante, y cuando así sea, ¡alégrate! Cuando regreses a casa luego de un día bueno de trabajo, agradécele a Dios que te ha hecho a su imagen para trabajar en su mundo. El trabajo gratificante es un regalo extra. Debido a que tu pecado es parte de lo que está mal en el mundo, un trabajo gratificante nunca es lo mínimo que te mereces, ¡no! Siempre es más de lo que te mereces. No lo des por hecho.

Pero la mayoría de las veces, el trabajo no será gratificante. No significa que algo en particular esté mal, es lo normal después de lo ocurrido en Génesis 3.

¿QUÉ HAGO SI ODIO MI TRABAJO?

Está bien, algunas veces el trabajo es deplorable, pero ¿cómo lidias con eso? ¿Qué se supone que debes hacer si realmente odias tu trabajo?

La Biblia no habla directamente sobre nuestras carreras, pero en ocasiones habla a aquellos que soportaron un estatus mucho más bajo que los trabajadores mal pagados de hoy en día: los esclavos. Esto es lo que Pablo les dice a los esclavos cristianos en la ciudad griega de Corinto:

> *¿Eras esclavo cuando fuiste llamado? No te preocupes, aunque, si tienes la oportunidad de conseguir tu libertad, aprovéchala. Porque el que era esclavo cuando el Señor lo llamó es un liberto del Señor; del mismo modo, el que era libre cuando fue llamado es un esclavo de Cristo. Ustedes fueron comprados por un precio; no se vuelvan esclavos de nadie. Hermanos, cada uno permanezca ante Dios en la condición en que estaba cuando Dios lo llamó (1 Corintios 7:21-24).*

(Nota: Sí, la esclavitud en la Biblia constituye un tema raro e incómodo. Hay buenas respuestas por ahí, pero no tenemos espacio para estas aquí. Encuentra algunos recursos sugeridos en la página 199).

Pablo dice que, contrariamente a la creencia popular, los cristianos son en general libres de hacer lo que quieran, incluso en cuanto a lo relacionado con la vocación. Si algo no es pecaminoso, eres libre de hacerlo.

Si odias tu trabajo, eres libre de buscar uno nuevo. Eres libre de intentar algo completamente nuevo. Algunos de nosotros somos propensos a jugar al mártir, quedándonos en situaciones miserables porque sentimos que debemos estar donde Dios nos quiere, y nos sentimos culpables de hacer algo para cambiarlo. Pero Pablo dice: "si tienes la oportunidad de conseguir tu libertad, aprovéchala" (1 Corintios 7:21) —*si quieres un trabajo nuevo, y puedes conseguirlo, ¡adelante!*

Esto es lo que aprendió mi amigo Guillermo:

> *Recuerdo que hace un par de años, cuando se agotaba mi tolerancia por la desesperación existencial, hablé con mi pastor. Había decidido que ya era suficiente; estaba harto de mi trabajo, pero me sentía atrapado porque pensaba que, para justificar mi renuncia, debía tener algo más grande y mejor. Lo que fuera necesario para que todos dijeran: "Bien hecho, Guillermo, es hora de que obtengas un trabajo adecuado". Pero mi pastor me dijo que solicitara el primer trabajo similar que encontrara, y que solo me enfocara en un cambio de ambiente y espacio. Así que lo hice. Dios tuvo la bondad de proveerme un nuevo trabajo con un cambio total de ritmo, colegas y ambiente. Estaba mucho más feliz. A veces tienes que probar algo nuevo, sin preocuparte por que sea grandioso.*

"Si tienes la oportunidad de conseguir tu libertad, aprovéchala". Pero mientras tanto, en el mismo versículo dice: "No te preocupes". Independientemente de lo estresante, aburrido o difícil que sea tu trabajo, no dejes que te deprima. Nuestro intento por "renunciar" a cierto trabajo nunca debería convertirse en una obsesión. Aunque somos libres para buscar uno nuevo, no siempre es *bueno* hacerlo, porque al final de cuentas, Pablo nos dice que en realidad eso no importa demasiado. Hay otras cosas que son mucho más importantes: tener el tiempo y la energía para ser un buen amigo, honrar a tu familia y servir a tu iglesia.

No sé cuánto te valora tu jefe, pero sí sé cuánto te valora tu Señor. Él te ha "comprado" a un "precio" (1 Corintios 7:23). Y ese precio fue su propia vida. Y *esa* verdad tiene el poder de transformar tu mentalidad sobre el trabajo. Cristo ha pagado lo que nosotros no podíamos para comprar nuestra libertad: una vida de obediencia perfecta a su Padre. Más allá de cuán oprimidos o agotados podamos sentirnos, este es el estado del cristiano: "un liberto del Señor" (1 Corintios 7:22). Imagina lo liberador que debe de haber sido escuchar eso como esclavo en los tiempos de Pablo.

Y, en última instancia, esto es lo que importa. Si eres cristiano, tu situación laboral no te define. La aprobación o decepción de las personas en cuanto a tu vida laboral, ya sea tu jefe, tus padres o tú mismo, en definitiva, no importa. Si tu título de trabajo es "esclavo", "maestro", "pasante", "asistente de ventas", "médico", "coordinador de relaciones públicas", "trabajador del centro de llamadas" o "ingeniero estructural", a los ojos de Dios, eres la persona liberada del Señor.

Esto es lo que nos da esperanza, incluso alegría, los lunes por la mañana. Por mucho que sientas que estás tambaleando y por tóxico que sea el ambiente en tu lugar de trabajo, puedes caminar allí con la cabeza en alto y, después de haber trabajado duro y con integridad, puedes irte ocho, diez o doce horas más tarde con la cabeza aún en alto. Eres la persona que el Señor ha hecho libre.

SEIS CONSEJOS PARA UNA VIDA LABORAL MÁS FELIZ

Pero no solamente somos personas liberadas por el Señor, también somos "esclavos de Cristo" (1 Corintios 7:22). Deberíamos estar trabajando para Él. Al hacerte cristiano, no te convertiste en socio igualitario de una firma legal con Dios; Él siempre ha estado y permanece a cargo. Te compró por un precio, por lo tanto, tiene el derecho de decirte cómo debes vivir tu vida y cuándo debes trabajar.

Y en lo tocante a nuestras carreras, no tiene tanto que ver con que hagamos lo que a Dios le interesa, sino más bien la manera en que lo hacemos.

En su carta a la iglesia de Colosas, Pablo le da algunas instrucciones a un grupo diferente de cristianos esclavos. Su consejo es tan sensato hoy como lo fue hace dos mil años. Vivir a la manera de Dios, no solo le da honra a Él, sino también es la manera más feliz y saludable en que nosotros podemos vivir. Aquí te dejo seis consejos para prosperar en tu lugar de trabajo.

1 HAZ LO QUE TE DICEN

Esclavos, obedezcan en todo a sus amos terrenales... (Colosenses 3:22).

Algo se retuerce dentro de mí cuando leo un versículo como ese. Pero Génesis 1 y 2 nos muestra que el orden viene inmerso en la Creación de Dios. "Todos deben someterse a las autoridades públicas, pues no hay autoridad que Dios no haya dispuesto, así que las que existen fueron establecidas por él" (Romanos 13:1). Las estructuras de autoridad, ya sea en una nación, iglesia o compañía, en primera instancia, son algo bueno, aunque en la práctica algunas veces se tergiversen para hacer mucho daño.

Esto quiere decir que tu jefe es tu jefe porque Dios lo puso allí, y Dios quiere que hagas lo que tu jefe te dice. E inevitablemente, al comienzo de nuestras carreras, se nos dirá muchas veces lo que tenemos que hacer. Se supone que debamos trabajar desde abajo y ganarnos la confianza y la responsabilidad con el paso del tiempo.

Por lo tanto, "obedece en todo a tus amos terrenales", incluso en las instrucciones que no te gustan o que piensas que son simplemente estúpidas. No busques maneras de zafarte. No conviertas cada decisión en una lucha de poder. Siempre y cuando la obediencia a tu amo terrenal no te cueste la obediencia a tu amo celestial, simplemente haz lo que te dicen que hagas.

2. SÉ ÍNTEGRO

...obedezcan en todo a sus amos terrenales, no solo cuando ellos los estén mirando, como si ustedes quisieran ganarse el favor humano, sino con integridad de corazón y por respeto al Señor (v. 22).

Ser "íntegro" es ser la misma persona por dentro que por fuera. Por lo tanto, el profesional trabajador y respetuoso que se ve en lo externo debe corresponder con la actitud profesional, trabajadora y respetuosa de nuestro interior. Si eso es así, trabajaremos de la misma manera cuando nuestro jefe esté en la oficina que cuando no esté presente.

Así que, cuando sientas la tentación de contar chismes o quejarte de alguien en tu trabajo, no lo hagas. Cuando te encuentres ensayando un largo monólogo interno de lo que te gustaría decirle a tu jefe, detente. Cuando tengas la tentación de relajarte mientras tu gerente está en una reunión, resiste. Sé íntegro.

Y si te pasa como a mí, y tu corazón no es íntegro la mayor parte del tiempo, si te importa más lo que otros piensan de ti que lo que te importan las personas, recuerda que una de las mejores maneras de crecer en el amor genuino por los demás es orar por ellos.

Todos los días, mientras te alistes para tu trabajo, ora por tus colegas y por tu jefe, y pídele a Dios que tu corazón sea íntegro hacia los demás.

3. TEME A DIOS, NO A LAS PERSONAS

...y por respeto al Señor (v. 22).

Quizá admires a tus colegas y desees desesperadamente que piensen bien de ti. O tal vez trabajes con un absoluto tirano y solo quieras evitar a toda costa que te grite. De cualquier manera, sospecho que gran parte de nuestra motivación en el lugar de trabajo se reduce al temor. ¿Cómo se manifiesta el temor en ti?

Pablo dice que debemos trabajar "por respeto al Señor"—una reverencia y un respeto que provienen de conocer que Él es quien está en control del universo y que, finalmente, su opinión es la que importa—. Si tememos a Dios en lugar de a las personas, no tendremos que trabajar una cantidad descomunal de horas para probarle nada a los demás; no diremos mentiras piadosas para cubrir nuestras acciones; ni cederemos cuando estemos bajo presión para hacer algo pecaminoso, incluso cuando rehusarnos implique dañar nuestras perspectivas profesionales.

Y si tememos a Dios en lugar de a las personas, esto también significa que seremos valientes al compartir el evangelio en el trabajo. Intentaremos hablar de Jesús, porque nos preocupa más lo que nuestros compañeros de trabajo piense de Él, que lo que piensan de nosotros; y nos preocuparemos más por lo que es mejor para ellos, que por lo que resulta más cómodo para nosotros. Y si las personas son indiferentes u hostiles, eso no importará, porque no les tenemos miedo. Tememos a Dios.

4. ESFUÉRZATE

Hagan lo que hagan, trabajen de buena gana, como para el Señor y no como para nadie en este mundo (v. 23).

Si Jesús viniera a tu lugar de trabajo mañana, ¿cómo actuarías? Imagínate que se pone el uniforme del gerente o preside la reunión de equipo. ¿Cómo afectaría eso tu actitud?

Bueno, Él ya está allí. La realidad es que no solo trabajas para amos humanos, sino que trabajas para el Señor. Dio lo mejor por ti, su propia vida y su perfecta justicia, y ahora estás llamado a darle lo mejor de ti. Y el lugar donde "trabajamos para el Señor" no es solo en la iglesia un domingo, sino en nuestro trabajo un lunes. Así que, "hagas lo que hagas", haz lo mejor que puedas hacer, ya sea apilando estanterías o negociando acciones (y si crees que una de las tareas es más importante que la otra, tienes una visión errónea del trabajo).

Lo más probable es que tu trabajo sea una mezcla de lo interesante y lo tedioso. Esfuérzate por hacer las cosas de todo corazón. No hagas lo mínimo. No busques atajos. Busca activamente maneras de hacer mejor tu trabajo o hacer que tu organización opere de manera más efectiva. Haz todo lo posible para que tu entorno de trabajo sea un lugar mejor para los demás.

5. TRABAJA PARA UNA BONIFICACIÓN QUE PERMANECE

Conscientes de que el Señor los recompensará con la herencia. Ustedes sirven a Cristo el Señor (v. 24).

Cada vez más tengo la sensación de que todos mis amigos tienen más dinero que yo. Y mientras miro sus estilos de vida e imagino sus salarios (y escucho sobre sus importantes títulos, recompensas laborales y fiestas corporativas), me veo en mi propio escritorio y siento resentimiento.

Cuando eso sucede, necesito volver a revisar mi realidad. Gano más que el 97% de las otras personas del planeta. ¿Realmente me voy a quejar? Y además de eso, necesito recordar que Dios tiene algo mejor preparado para mí. Me dirijo a una "herencia indestructible, incontaminada e inmarchitable", una eternidad de satisfacción física y espiritual (1 Pedro 1:4). Este tesoro en el cielo eclipsará y superará incluso a la bonificación más escandalosa. Ser el heredero elegido por Dios es mejor que ser el empleado del mes.

Si das tu vida para servir fielmente a Cristo, también cuentas con esa promesa. Cuando consideramos el panorama a largo plazo, ya no importa tanto el dinero; ni las felicitaciones por ascender la escalera de la realización personal. Las mayores recompensas de tu carrera se encuentran más adelante, y no me refiero a la jubilación, sino a la eternidad.

6. RECUERDA QUE LA JUSTICIA SE ACERCA

El que hace el mal pagará por su propia maldad, y en esto no hay favoritismos (v. 25).

Tus compañeros en el trabajo te van a fastidiar. Si aún no lo han hecho, algún día lo harán. Van a tomar el crédito por tu buena idea; te echarán la culpa de cosas que no has hecho; te harán bromas pesadas;

van a desacreditar tu reputación; te van a ocultar oportunidades; se van a retractar después de haberte dado su palabra, etcétera.

La vida no es justa. Y aunque hay un lugar para presentar quejas mediante canales oficiales, especialmente cuando las personas actúan contra nosotros de manera perjudicial o ilegal, a veces nos damos cuenta de que la justicia no se cumple de la manera que esperamos.

Cuando eso sucede (y podemos suponer que sucedía con bastante frecuencia para los esclavos en la Turquía del primer siglo), podemos consolarnos con que se acerca un día de justicia perfecta. Tu agravio puede haber sido pasado por alto o ignorado, pero Dios lo vio y a Él le importa. Él promete que aquellos que te han ofendido pagarán por sus errores. Ese día no habrá rastros de favoritismo ni amiguismo. Se hará justicia total.

No cargues con rencores ni amarguras. Eso solo te consumirá por dentro y te hará más miserable. En lugar de eso, confíale las heridas que has experimentado a Dios, háblale acerca de lo que ha sido injusto y agradécele que un día Él se hará cargo de ello.

LOS LUNES. DEBE SER AMOR

Es realmente difícil trabajar así, especialmente en una cultura laboral donde a nadie más le gusta los lunes. Es difícil levantarse día tras día para ir a un trabajo que realmente no te gusta. Pero es mejor, mucho mejor, que mirar el reloj o alcanzar una promoción.

Cuando suena la alarma por la mañana, despiertas a un nuevo día como la persona liberada del Señor, un nuevo día en el que tienes el privilegio de servir a Cristo en tu trabajo. Y un nuevo día, pronto, Dios revertirá la maldición de Génesis 3 y pasarás una eternidad trabajando productivamente, en total perfección, reflejando la imagen de Dios.

Busca la satisfacción suprema en tu trabajo, y siempre terminarás frustrado, porque la escalera hacia el éxito nunca llegará lo suficientemente alto. Busca la satisfacción suprema en el fin de semana, y el trabajo solo se interpondrá en tu camino, porque el reloj nunca se moverá lo suficientemente rápido. Pero busca la realización en el Dios que creó el trabajo como algo bueno, y serás libre para disfrutar con gratitud lo que el trabajo te ofrece y manejar las frustraciones con alegría.

Como dice la canción: "Los lunes. Debe ser amor". Y puede ser amor, cuando vas a trabajar para Aquel que amas, porque Él te ha amado.

6. DUDAS

¿SERÁ QUE DIOS EXISTE O ESTOY DESPERDICIANDO MI VIDA?

A veces cierro mis ojos para orar y tengo esta horrible sensación de que no hay nadie allí.

El sentimiento es extremadamente desagradable: una agitación física en mi estómago y una opresión ansiosa en mi pecho. Es como si estuviera en el borde de un precipicio, mirando hacia el vacío.

Atravieso fases en las que me siento así durante unos días o una semana aproximadamente, y luego se desvanece. Es profundamente desconcertante.

El sentimiento es tal vez más desagradable cuando estoy en la iglesia. Por fuera, me parezco a todos los demás, cuando cantamos juntos. Pero al mirar alrededor, es fácil creer que soy la única alma en la habitación que se siente así por dentro.

He hablado con muchas personas sobre muchos temas en este libro (algunos de ellos bajo coacción). Varios han mencionado la falta de dirección, o la ansiedad profesional o la sensación de pérdida que viene por estar soltero por más tiempo de lo que esperaban. Pero solo unas pocas personas han mencionado la duda.

Esto se debe a que la duda es algo difícil de admitir, difícil de hablar y difícil de incluir en un libro que pretendes vender. Pero sucede; no soy la única, y tú tampoco.

Sospecho que es bastante común, incluso siendo ya adulto, preguntarse después de algunos años de cristiano, si no te has equivocado. Quizá tengas preguntas molestas, incertidumbres y áreas grises que no desaparecen. Quizá una de estas situaciones te suene familiar:

- Viste un documental o leíste algunos artículos que te plantearon preguntas intelectuales. Tal vez la Biblia no es precisa: ¿Se contradice a sí misma? ¿Son los milagros solo folklore antiguo? ¿Cómo podemos cuadrar la historia de la creación con la ciencia?

- Por primera vez en tu vida, estás sufriendo de verdad: la tragedia o la enfermedad te han golpeado a ti o a alguien que amas. ¿Cómo pudo Dios dejar que eso sucediera? Estás comenzando a preguntarte si realmente le importas o si quizá no esté allí.

- Miras a otros cristianos que están apasionados por Dios, parecen amar de verdad a Jesús. Te miras a ti mismo y piensas: *No soy así. ¿Qué pasa conmigo? Tal vez no soy cristiano de verdad.* (Esto se describe mejor como una falta de seguridad).

- Te enamoraste de la persona equivocada, tomaste algunas decisiones que sabías que al Dios con el que creciste no le gustarían y dejaste de ir a la iglesia, porque te sentías culpable. Ahora no sabes cómo regresar o si deseas hacerlo. Te preguntas si Dios realmente está allí.

- Cuanto más lees la Biblia, más descubres cosas que no te gustan. Tal vez alguien a quien amabas, pero que no era cristiano, ha muerto, y es más fácil creer que Dios no es real que creer que hay un Dios que envía a las personas al infierno.

- Estás luchando con un pecado que simplemente no puedes abandonar. Conoces la teoría acerca de que el Espíritu Santo mora dentro de ti, pero ¿cómo puede ser cierto cuando no logras dejar de ver pornografía o de discutir con tu cónyuge? Seguramente, si todo esto fuera real, podrías cambiar.

- Creciste en un hogar cristiano y, cuando miras hacia atrás, te das cuenta de que nunca hubo un momento decisivo en el que comenzaste a seguir a Jesús, más bien nunca dejaste de seguirlo. Nunca has experimentado manifestaciones o explosiones sobrenaturales. Entonces, ¿cómo puedes saber que tu fe es real? ¿Solo eres cristiano porque todos los que te rodean lo son? ¿Sería diferente si hubieras nacido en algún lugar, como Arabia Saudita?

Si tienes más de veinte años y enfrentas dudas, ahora es el momento de lidiar con eso. Después de todo, si Dios no es real, será mejor que lo decidas ahora, a los veinte, para que puedas pasar el resto de tu vida disfrutando de un buen desayuno un domingo por la mañana, en lugar de estar en la iglesia cantándole a una deidad que no existe. Si solo vives una vez, deberías estar ocupado en conseguir más dinero, más vacaciones y más sexo.

Pero si todo este asunto de ser cristiano es real (y que conste que estoy convencida de que lo es), entonces la duda nos privará de la alegría de seguir a Cristo. Nos detendrá de vivir sirviendo plenamente a Jesús y de las bendiciones que fluyen de eso.

La buena noticia es que como Dios no quiere que dudemos, su Palabra habla de la duda. En algunos lugares, la Biblia se dirige a los escépticos en términos bastante contundentes; hay un tipo de duda que es engañoso y peligroso, porque es una señal de querer mantener un pie en cada lado (por ejemplo, Santiago 1:6-8). Pero hay otros lugares en la Biblia donde se aborda con gran paciencia y amabilidad a quienes luchan con dudas honestas. Observa cómo Jesús le habla a "Tomás, el dudoso", después de su resurrección: "Pon tu dedo aquí y mira mis manos. Acerca tu mano y métela en mi costado. Y no seas incrédulo, sino hombre de fe" (Juan 20:27). Jesús es tierno y comprensivo en cuanto a la débil fe de Tomás, sin embargo, le dice que se aparte de esas dudas.

En la vida cristiana, se espera que tengamos algún tipo de dudas, pero nunca debemos aferrarnos a ellas.

Está bien, pero *¿cómo* seguimos el mandato de Jesús de "dejar de dudar y creer"?

¿PUEDO VER OTRA SEÑAL?

Es tentador pensar que, si tuviéramos un poco más de pruebas, si Dios se revelara un poco más claro, estaríamos libres de dudas. Pero innumerables acontecimientos en los Evangelios nos muestran que, incluso cuando Dios caminaba por la tierra, a las personas les costaba creer en Aquel que tenían delante.

Uno de esos episodios está en Juan 6. Al comienzo del capítulo, Jesús ha alimentado a una multitud de más de cinco mil personas hambrientas con solo cinco panes y dos peces. Este pan milagroso era tan real para los sentidos y tan sustancioso para el estómago como cualquier cosa que comas hoy. Sabemos que debe de haber sido bueno, porque la multitud regresa por más al día siguiente (y todo sabe mejor cuando es gratis).

Pero esta vez, Jesús no les sirve otro banquete, sino algunas verdades caseras:

> —*Ciertamente les aseguro que ustedes me buscan no porque han visto señales, sino porque comieron pan hasta llenarse. Trabajen, pero no por la comida que es perecedera, sino por la que permanece para vida eterna, la cual les dará el Hijo del hombre. Sobre este ha puesto Dios el Padre su sello de aprobación.*
>
> —*¿Qué tenemos que hacer para realizar las obras que Dios exige? —le preguntaron.*
>
> —*Esta es la obra de Dios: que crean en aquel a quien él envió —les respondió Jesús.*

*—¿Y qué señal harás para que la veamos y te creamos? ¿Qué pue-
des hacer? —insistieron ellos (Juan 6:26-30).*

Esto es asombroso. Habían recibido una señal de Jesús menos de
veinticuatro horas antes —todo el asunto de los panes y los peces—.
¡Ahora exigen otra señal, para verla y creerle! Es obvio que la señal no
es el problema. El problema es que no "creen en aquel a quien [Dios
el Padre] envió": Jesús.

La duda no es un tema irrelevante que puede ser barrido debajo de
la alfombra, porque en el corazón de la fe cristiana no hay algo que
haces ("¿Qué tenemos que *hacer*?", v. 28, cursivas añadidas), sino
algo que crees (v. 29). Jesús tiene claro que debemos tener fe en Él
para tener vida eterna.

Por supuesto, para dudar, en primer lugar, debes tener una fe de la
cual dudar. La experiencia de la duda no significa que no eres cristiano. Si tus dudas te hacen sentir incómodo, probablemente sea
porque en el fondo quieres creer. El problema surge cuando la duda
sincera se convierte en una fuerte incredulidad. Y a esto último se
enfrenta Jesús a continuación:

*—Yo soy el pan de vida —declaró Jesús—. El que a mí viene nunca
pasará hambre, y el que en mí cree nunca más volverá a tener
sed. Pero, como ya les dije, a pesar de que ustedes me han visto,
no creen. Todos los que el Padre me da vendrán a mí; y al que a mí
viene, no lo rechazo. Porque he bajado del cielo no para hacer mi
voluntad, sino la del que me envió (vv. 35-38).*

*Entonces los judíos comenzaron a murmurar contra él, porque dijo:
«Yo soy el pan que bajó del cielo». Y se decían: «¿Acaso no es este
Jesús, el hijo de José? ¿No conocemos a su padre y a su madre?
¿Cómo es que sale diciendo: "Yo bajé del cielo"?» (vv. 41-42).*

Las personas que no son cristianas, en este caso los judíos, siempre
pensarán que el cristianismo suena ridículo. No dejes que el escepticismo de los demás te perturbe. Tus colegas pensarán que estás loco.
Tus amigos y familiares no cristianos pensarán que estás loco. Está

bien, Jesús nunca ha usado ni usará la base de la opinión popular para demostrar quién es Él.

ENSEÑANZA DIFÍCIL

Sin embargo, a medida que continúa la conversación, son los propios discípulos de Jesús quienes comienzan a luchar para creer. Cuando Jesús explica el significado de ser "el pan de vida", en unos pocos versículos algo complicados, dice que las personas deben comer su carne y beber su sangre para tener vida eterna (vv. 43-59).

Para nosotros, esto suena un poco extraño. Pero para los discípulos de Jesús, que eran de origen judío y cuyas normas alimentarias prohibían el consumo de sangre de cualquier animal, esto era extremadamente ofensivo. Por eso, "Al escucharlo, muchos de sus discípulos exclamaron: «Esta enseñanza es muy difícil; ¿quién puede aceptarla?»" (v. 60).

La enseñanza de Jesús siempre ha sido difícil de aceptar. En nuestra cultura actual es difícil enseñar que Jesús es el único camino hacia Dios y que no todas las religiones son igualmente válidas. Es difícil enseñar que un Dios de justicia envía a las personas al infierno. Es difícil enseñar que el sexo está reservado para un hombre y una mujer dentro del matrimonio.

Cuando las enseñanzas de Jesús van en contra de la corriente cultural que hemos traído desde que nacimos, nos vemos tentados a pensar que no pueden ser verdad y, mucho menos, buenas. Hoy día, en Occidente, las declaraciones de Cristo parecen volverse culturalmente cada vez más anormales; pero en realidad, siempre lo han sido, desde el momento en que Él las expresó.

Las palabras de Jesús siempre han sido algo incómodas, pero eso no las convierte en mentiras ni en cosas malas. Lejos de la realidad:

> *Jesús, muy consciente de que sus discípulos murmuraban por lo que había dicho, les reprochó:*
>
> *—¿Esto les causa tropiezo? ¿Qué tal si vieran al Hijo del hombre*

subir adonde antes estaba? El Espíritu da vida; la carne no vale
para nada. Las palabras que les he hablado son espíritu y son vida.
Sin embargo, hay algunos de ustedes que no creen.

Es que Jesús conocía desde el principio quiénes eran los que no
creían y quién era el que iba a traicionarlo (vv. 61-64).

Jesús dice que hay más sobre la realidad de lo que podemos ver: existe
una dimensión espiritual además de una física. Otra vez, esto va en
contra de la naturaleza de nuestra cultura, que tiende a decirnos que,
si algo no se puede medir, no es real. Pero Jesús está describiendo algo
que no puede, ni debe, ser explicado por un experimento científico.

Mi hermano Tim es estudiante de Física. Un día le pregunté si sus
estudios alguna vez desafiaron su fe, y él se encogió de hombros (de
esa manera que suelen hacerlo los hermanitos desde pequeños) y
luego dijo: "Realmente no. A lo que sigo volviendo es a la vida. Es el
gran misterio de la física. ¿Qué es lo que me hace vivo y consciente,
pero hace a esta mesa de café 'no viva ni consciente', cuando a nivel
anatómico estamos hechos de las mismas cosas: protones, neutrones
y electrones? Debe haber algo más allí".

Si la vida física desconcierta a los científicos, no es sorprendente que
la vida espiritual, la "vida" de la que Jesús habla aquí, nos descon-
cierte aún más. Esta vida es dada por el Espíritu, quien trabaja por
medio de las palabras que Jesús te ha hablado (v. 63).

Es importante recordar esto cuando luchamos con dudas: no las
vamos a conquistar tapándonos lo oídos y alejándonos de todo lo
cristiano. Si reconocer nuestras dudas nos pone incómodos, es tentador ocupar nuestras mentes con algo más que no nos haga sentir
así. Pero esa es la ruta hacia la incredulidad. Si quieres estar seguro
de que Dios es real y de que eres su hijo, vas a necesitar que el Espíritu te muestre a Cristo, fortalezca tu fe y te dé seguridad. Y como
las palabras de Jesús "son espíritu y son vida" (v. 63), continúa
escuchándolas. Sigue leyendo la Biblia y asistiendo a la iglesia para
escuchar las enseñanzas, aun cuando sientas que no producen nada

dentro de ti. Dile sinceramente a Dios: "Ni siquiera sé si estás allí, pero si estoy pidiéndote en oración, debe ser porque parte de mí aún cree que existes. Te ruego, por favor, ¿podrías hablarme por medio de tu Palabra?". Aunque no sintamos demasiado (o nada), si le creemos a Jesús, podemos saber con seguridad que tenemos vida.

Y esa es la razón por la cual...

DIOS TE TIENE

Lo que te califica como cristiano es esto: "Si confiesas con tu boca que Jesús es el Señor y crees en tu corazón que Dios lo levantó de entre los muertos, serás salvo" (Romanos 10:9). Y si ese es tu caso, si le has pedido a Jesús que perdone tus pecados y te has comprometido a vivir con Él como Señor de tu vida, eso es porque el Padre te lo ha permitido:

> ...nadie puede venir a mí, a menos que se lo haya concedido el Padre (Juan 6:65).

Pero esta verdad hace que algunos de nosotros entremos en pánico. Observamos nuestras vidas, nuestro pecado o nuestra falta de entusiasmo por ser cristianos, y nos preocupamos de que tal vez no seamos cristianos y nunca lleguemos a serlo, porque el Padre no nos ha llamado. ¿Qué pasa si simplemente no soy "elegido"? Pero esta verdad está destinada a lograr lo contrario: está presente en toda la Biblia para darnos seguridad.

Entonces, ¿cómo puedes saber si eres un verdadero cristiano? Bueno, ¿quieres ser uno? ¿Hay algo en ti (el Espíritu) que te hace querer hablar con Dios como tu Padre? Ese es un buen comienzo. Piensa en los años que has estado siguiendo a Jesús: ¿Ha cambiado tu vida? ¿Te desagrada el pecado, incluso aunque algunas veces peques todavía? ¿Le pides perdón a Dios? ¿Desearías amar más a los demás?

Si la respuesta a esas preguntas es un "sí" vacilante, entonces deja que esta verdad te tranquilice: Dios te ha llamado y no te dejará ir. Como Jesús le dijo a esa multitud:

"A PESAR DE MI FE TAMBALEANTE Y DE MIS SENTIMIENTOS DUBITATIVOS, JESÚS ME TIENE Y NO ME DEJARÁ IR".

#YESTOESTODO

Todos los que el Padre me da vendrán a mí; y al que a mí viene, no lo rechazo (v. 37).

Nuestra salvación no depende de la fortaleza de nuestra fe ni de la total ausencia de dudas. A pesar de mi fe tambaleante y de mis sentimientos dubitativos, Jesús me tiene y no me dejará ir. No soy cristiana porque crecí en un hogar cristiano de Occidente, soy cristiana porque Dios me llamó (de la misma manera, está llamando a un número maravilloso de personas por todo el Medio Oriente). Dios es misericordioso, no me rechaza porque mi fe no es lo suficientemente buena. La duda no tiene la última palabra, porque he sido elegida para ser uno de los hijos de Dios. Ese destino está predeterminado.

Por supuesto, habrá discípulos que seguirán a Jesús por un tiempo y luego se alejarán de Él. Tal vez eso le haya sucedido a alguien que conoces y ha sacudido tu confianza. Cuando Jesús mismo estaba parado frente a las personas, extendiendo el pan de vida, sucedió lo siguiente: "Desde entonces muchos de sus discípulos le volvieron la espalda y ya no andaban con él" (v. 66). Cuando eso sucede hoy, tenemos razón en estar tristes, incluso conmocionados, pero no debemos sorprendernos.

Y solo porque algunas personas se aparten de Cristo, no significa que tú lo harás. Como dijo un amigo mío, la enseñanza de la Biblia sobre la caída puede resumirse en dos simples palabras: simplemente, no.

¿DÓNDE MÁS?

Con muchos de sus antiguos seguidores dándole la espalda, Jesús se vuelve hacia sus amigos más cercanos:

—*¿También ustedes quieren marcharse?*

—*Señor —contestó Simón Pedro—, ¿a quién iremos? Tú tienes palabras de vida eterna. Y nosotros hemos creído, y sabemos que tú eres el Santo de Dios (vv. 67-69).*

Me encanta la cruda sinceridad de las palabras de Pedro. Es una frase a la que regreso cuando hay enseñanzas que no me gustan, sentimientos que no puedo manejar o cuando seguir a Jesús parece muy difícil: "¿A quién iremos?". ¿Cuáles son las alternativas? ¿Qué más podrá satisfacernos?

Comparar a Jesús con las demás alternativas es una estrategia útil contra las voces del escepticismo. Tim Keller les escribe lo siguiente a no cristianos que tenían dudas:

> Si llegas a reconocer las creencias en las que se basan tus dudas sobre el cristianismo, y si buscas tanta prueba de esas creencias como las que buscas de las creencias de los cristianos, descubrirás que tus dudas no son tan sólidas como parecían la primera vez (*The Reason for God*, p. xviii. Publicado en español por B&H Español con el título *Es razonable creer en Dios*).

Como cristianos, también debemos aprender a dudar de nuestras dudas. Cuando escuches un susurro de que la materia es todo lo que hay, o que las oraciones no van a ningún lado o que Jesús es un aguafiestas, desafía esas dudas. ¿Cuáles son los motivos para creer estas "alternativas"? ¿En qué supuestos descansan? Y ¿realmente satisfacen?

Haz esto y llegarás a la misma conclusión que Pedro. Jesús no es solo la única opción que tiene sentido; Él es la única opción, punto final. Podemos pasar las próximas décadas buscando alternativas en otro lugar, pero no encontraremos nada que valga la pena. Él es el único que puede darnos vida eterna.

CUATRO MENTIRAS QUE A SATANÁS LE ENCANTA DECIR

Nuestras dudas no son moralmente neutrales. Desde el huerto del Edén, Satanás ha estado tentando a las personas con desobedecer a Dios y dudar de su Palabra ("¿*Es verdad* que Dios les dijo...?" Génesis 3:1). Satanás les mintió a Adán y a Eva, y también te está mintiendo a ti. Cuando enfrentamos dudas, estas son las mentiras que le encanta susurrar:

1. *Ningún otro cristiano se siente así.* No deberías hablar de tus dudas con todo el mundo, pero necesitas hablarlo con alguien. Elige sabiamente, no desearías hacer tambalear la fe de alguien que también está luchando, por lo tanto, confía en alguien cuya madurez cristiana te inspire respeto. Tal vez te inquiete cómo puedan reaccionar, pero Judas les dice a los cristianos: "Tengan compasión de los que dudan" (Judas 1:22). Aunque no puedo garantizarte la respuesta que obtendrás, puedo decirte que yo me he sentido sorprendida y animada por las respuestas que obtuve. Pídeles que oren contigo y por ti.

2. *No puedes hablar con Dios acerca de esto.* Como Pedro, ven a Jesús sinceramente y dile lo que estás sintiendo; de todas formas, Él ya lo conoce. El libro de Salmos está lleno de ejemplos de oraciones crudas y sinceras que cuestionan por qué Dios se siente lejano, y de todos modos claman a Él (lee los ejemplos del Salmo 13 o del 42). Pídele a Dios que fortalezca tu fe.

3. *No hay respuesta para esto.* Si tus dudas son principalmente intelectuales o doctrinales, puedes estar seguro de que alguien más inteligente ya ha pensado en ello desde una perspectiva cristiana. Así que investiga un poco y familiarízate con las fuentes; no debes tener temor de lo que vayas a encontrar. Puedes comenzar leyendo la página 194.

4. *Mejor haz una pausa momentánea en cuanto a tu fe.* La manera de mantenerte siguiendo a Jesús es mantenerte siguiendo a Jesús; dar todos los días un paso a la vez. Sigue yendo a la iglesia, sigue leyendo tu Biblia, sigue hablándoles a otros de Jesús. Esto va a pasar. En definitiva, la mejor respuesta a las mentiras de Satanás es la resurrección.

En el libro de los Hechos, los apóstoles siguen regresando a la resurrección como prueba de que Jesús realmente era el Salvador enviado por Dios que decía ser (por ejemplo, Hechos 17:31).

La tumba vacía es el cimiento de la fe cristiana.

Por eso, cuando dudes, recuerda esa verdad y descansa en ella. Pregúntate: *¿Jesús resucitó? ¿Tienes alguna otra explicación de lo que sucedió ese día y de la explosión del cristianismo en los años posteriores? Si Jesús resucitó, tus sentimientos de duda son una mentira. Si se levantó de entre los muertos, lo que dijo era cierto. Si se levantó de la muerte, tú puedes hablar con Él ahora mismo.*

Recuerda estos dos sencillos requisitos que se mencionan en Romanos 10:9 para una fe que salva:

> *...si confiesas con tu boca que Jesús es el Señor y crees en tu corazón que Dios lo levantó de entre los muertos, serás salvo.*

Por supuesto, es más fácil escribirlo en una página que tener que atravesar la duda. Pero no pierdas la esperanza. Se avecinan días de confianza más sólida.

LA ATMÓSFERA CAMBIÓ

Hace un par de años, me tocó participar como jurado en un juicio. Por muchos motivos, se sentía como estar de regreso en la escuela. Todos estaban allí por obligación. Se prohibió el uso de teléfonos. Llenamos mucho papeleo en los pasillos, hicimos cola afuera de las puertas y hasta tuvimos que esperar que un miembro del grupo regresara del baño. Lo peor de todo, estábamos obligados a trabajar en equipo.

El caso se trataba sobre un robo. Mientras la fiscalía presentaba su caso, las pruebas de culpabilidad rápidamente comenzaron a parecer convincentes. Escuchamos el testimonio de testigos y vimos imágenes de las cámaras de seguridad justo antes del hecho.

Luego el joven acusado presentó su defensa, y las dudas volvieron a surgir. ¿Quizá él sí estuvo en el lugar equivocado, entre malvados?

Finalmente, el juez resumió y salimos a la sala de deliberaciones del jurado, donde comenzó el trabajo en equipo obligatorio. Tomó algunas horas, pero finalmente el ambiente en la habitación se cristalizó cuando llegamos a un veredicto unánime: el acusado era culpable. Por mi parte, estaba segura de ello.

Pero es algo extraño tener el destino de un joven en tus manos, ser responsable de la dirección que tomará su vida a partir de ese momento. Es una gran responsabilidad. Cuando volvimos a la sala del tribunal, comencé a sentirme nerviosa. ¿Qué si nos equivocábamos? Mientras el juez y los funcionarios de la corte lidiaban con las formalidades, mi sensación de incertidumbre crecía. El presidente del jurado se puso de pie para anunciar nuestra decisión. El ambiente estaba tenso por la expectación. Miré al joven a los ojos mientras el presidente del jurado declaraba: "Encontramos al acusado culpable".

Y con eso, la atmósfera cambió instantáneamente. La tensión se levantó, y una repentina claridad descendió. El acusado se encogió de hombros, el juego había terminado. El juez y el abogado defensor discutieron la sentencia de una manera habitual. Lo que había parecido tan agonizantemente incierto ahora parecía cegadoramente obvio. *Por supuesto*, él era culpable.

Este es el asunto: estamos viviendo ahora en esos momentos antes de que se emita el veredicto. Nos hemos comprometido con el veredicto de que Jesús es el Señor sobre la base de buenas pruebas, pero a veces estamos plagados de incertidumbre. ¿Qué si nos equivocamos?

Pero no te preocupes. Un día, cuando lleguemos ante el juez del universo, la duda se convertirá en confianza. Todo lo que parece cuestionable ahora se volverá cegadoramente obvio. Toda la incertidumbre desaparecerá, y la claridad descenderá. *Por supuesto*, Dios es real.

Excepto que, ese día, no estarás en el jurado; serás el acusado. Y el veredicto para ti será diferente al que escuchó el joven. La prueba de tu pecado será acumulada contra ti, pero Jesús se levantará como tu abogado defensor y declarará: "Es uno de los míos. Ya pagué por el crimen. Miren la prueba de las marcas de los clavos en mis manos". Serás declarado: "No culpable".

Tengo muchas ganas de experimentar ese sentido cósmico de claridad en el tribunal. Hasta entonces, en los momentos en que estoy segura y en los momentos en que no lo estoy, oraré conforme a las palabras del antiguo himno:

La fe tornaráse en gran realidad
al irse la niebla veloz;
desciende Jesús con su gran majestad.
¡Aleluya, estoy bien con mi Dios!

7. SOLO
¿CON QUÉ AMIGOS CUENTO?

Leti tuvo ciento cincuenta invitados a su boda y no menos de nueve damas de honor, pero cuando su abuelo falleció, antes de un año después, no pudo pensar en nadie a quien quisiera llamar.

No es fácil encontrar verdaderos amigos, y dar con ellos es cada vez más difícil.

A medida que transitamos nuestros veintitantos, nuestras relaciones van mutando, porque las cosas cambian a nuestro alrededor. Las personas se mudan, un nuevo trabajo, una nueva novia o un nuevo pasatiempo hacen que cambien las relaciones que nos rodean. Finalmente, la mayoría de nosotros llegamos a un punto en el que miramos a nuestro alrededor y preguntamos: "Espera... ¿con qué amigos cuento?".

Personalmente, todavía estoy buscando "El Amigo". Con lo cual no me refiero al futuro esposo de mis sueños (aunque también lo he estado buscando, con un éxito limitado, más sobre eso en el capítulo ocho).

Con "El Amigo" me refiero a mi mejor amigo o posiblemente, mi mejor amiga. Ella será inteligente y divertida. Haremos clic de inmediato, saldremos con frecuencia, reiremos constantemente y compartiremos todos nuestros secretos y nuestras penas. Pero no habrá demasiadas penas, porque la vida será bastante fenomenal. La vida con este amigo o amiga será como un episodio de, bueno... *Friends* [Amigos].

He estado buscando a "El Amigo" desde que dejé la escuela, y la búsqueda se vuelve más difícil a medida que envejezco. Quiero decir, ¿dónde conoces personas en estos días? En una iglesia, pero tal vez te sientes fuera de lugar allí. No "encajas" con los estudiantes ni las familias, y no hay muchos otros de tu edad. En el trabajo, pero esto también puede ser difícil, dependiendo del trabajo y la cultura de la empresa. Entre las personas con las que vives, pero si esa es tu familia, realmente no cuentan, y si compartes alojamiento, es una cuestión de suerte. Y según mi experiencia, las probabilidades son remotas.

Luego, cuando encuentras candidatos adecuados para llenar la vacante de "amigo", es difícil construir relaciones significativas. El tiempo es escaso, principalmente porque ahora tienes un trabajo y responsabilidades que cumplir. Trasnocharte durante la semana deja de ser una buena idea.

Pero bueno, al menos todavía tienes a todos tus viejos amigos, ¿verdad?

O no.

Estas amistades también suelen ser difíciles de mantener, especialmente si te vas mudando por todo el país. Las cosas cambian. Tú cambias. Con el tiempo, tu círculo de amigos se reduce gradualmente a solo un puñado de personas clave.

Bienvenido a la edad adulta. Le dije a un anciano de mi iglesia que estaba escribiendo este capítulo, y él parecía confundido: "¿No es así como todos se sienten independientemente de su edad? —preguntó—. Yo tampoco tengo amigos". Esta no es una fase de la vida, es la vida.

DOS PECES DORADOS Y UN PROBLEMA PSICOLÓGICO

Si todo esto suena bastante pesimista, debo admitir ahora que este tema de los amigos es probablemente uno de mis mayores problemas psicológicos; con frecuencia dudo que realmente tenga alguno.

Suelo culpar a una mudanza que me tocó vivir a los 9 años. Echaba tanto de menos a las amigas que dejé, que les puse sus nombres a un par de pececitos dorados que me compraron (la pecera fue un intento de mis padres para hacerme sentir más a gusto). Tenía a Esme y Diana flotando en una esquina de mi habitación, pero a los 9 años todavía me sentía enojada, sola y fuera de lugar. Solo que ahora tenía una pecera que limpiar cada semana. Y eso *no es divertido*.

Casi un par de décadas después, definitivamente estoy menos enojada (y la desaparición de Esme y Diana significa que ya no tengo una pecera para limpiar), pero a veces todavía me siento sola y fuera de lugar. Y, al parecer, sentirse de esta manera es bastante común. Un estudio reciente en Australia encontró que el 67% de los jóvenes de 18 a 34 años, regularmente o al menos ocasionalmente, se siente solo; y el 18% dijo que se siente solo todos los días. Ese es uno de cada seis de nosotros, el doble de casos que entre personas mayores de 50 años.

Las redes sociales significan que tenemos más oportunidades que nunca para construir comunidades en línea con personas de todo el mundo. Pero lejos de aliviar el problema de la soledad, las redes sociales parecen estar contribuyendo a ello. La Universidad de Pittsburgh descubrió que las personas que usan mucho las redes sociales experimentan más aislamiento social, que aquellas que las usan menos de diez veces por semana. Supongo que puedes relacionarte con esa estadística. Pocas cosas alimentan mi soledad más que mirar en las redes sociales a personas que solía conocer con sus *otros amigos*.

De hecho, la investigación muestra que la soledad es contagiosa. Lo más probable es que te sientas más solo ahora que antes de comenzar el capítulo, solo por haber leído que estoy sola.

Pero no dejes de leer ahora. Estamos a punto de pasar a lo bueno...

PROFUNDO Y REAL

Tengo un historial lamentable cuando se trata de memorizar pasajes de las Escrituras. Puedo mantenerlos en mi cabeza durante unos días o incluso un par de semanas, pero más allá de eso, siempre se me olvidan.

Sin embargo, hay una excepción: el Salmo 139. Lo memoricé cuando estaba lejos de casa en un país extranjero, repitiéndome las palabras una y otra vez en mi cabeza. Cuatro años después, todavía puedo recordarlo, porque he seguido repitiéndolo una y otra vez en mi cabeza en esos momentos cuando me siento sola. Cuando estoy despierta en mi cama a las dos de la mañana, o conduzco en mi automóvil a altas horas de la noche, o camino sola por algún lugar, estas son palabras a las que siempre vuelvo:

> SEÑOR, tú me examinas,
>> tú me conoces.
> Sabes cuándo me siento y cuándo me levanto;
>> aun a la distancia me lees el pensamiento.
> Mis trajines y descansos los conoces;
>> todos mis caminos te son familiares.
> No me llega aún la palabra a la lengua
>> cuando tú, SEÑOR, ya la sabes toda.
> Tu protección me envuelve por completo;
>> me cubres con la palma de tu mano.
> Conocimiento tan maravilloso rebasa mi comprensión;
>> tan sublime es que no puedo entenderlo (Salmo 139:1-6).

Creo que estoy en la búsqueda de "El Amigo", pero este salmo me pone cara a cara frente a "Aquel" a quien estoy buscando en realidad. Lo que anhelamos en un amigo se obtiene cuando encontramos y experimentamos verdaderamente una relación con Dios; relación que es más profunda y real que la que podamos tener con aquellos a quienes categorizamos como "amigos".

Eso es así porque el Señor es un Dios que te conoce. A menudo la causa de la soledad es un deseo de ser conocidos totalmente y en plenitud. Pero mis amigos de la iglesia no saben nada de quién era antes de los 21 años. Mis amigos de la escuela conocen la historia en la que me he criado, pero tienen poca idea de lo que me motiva hoy, en la actualidad. Mis colegas del trabajo me ven día a día, pero realmente no saben lo que hice el fin de semana. Toda mi vida se siente segmentada. Nadie conoce los 360 grados completos de mi existencia. Excepto Dios.

Dios conoce "cuando me siento y cuando me levanto... salgo y me acuesto".

Dios sabe que ayer fui a la clase de *spinning*.

Dios sabe lo bien que dormí anoche.

Dios sabe que realmente necesito comprar pasta de dientes esta tarde, lo que me encanta en Netflix esta temporada y lo que haré el sábado.

Dios está "familiarizado con todos mis caminos".

Él sabe, Él está al tanto, Él conoce los 360 grados de tu existencia. Él te conoce incluso mejor que tú mismo.

En realidad, comienza a sentirse un poco inquietante. Al mismo tiempo que queremos un amigo que nos conozca y nos entienda, por otro lado, también tememos ser realmente conocidos. No queremos que otros vean nuestros defectos, nuestras debilidades y todas las cosas embarazosas que pensamos y sentimos. Por eso me aterra la simple idea de que leas esto en este momento y te formes una opinión sobre mí.

Sin embargo, Dios ve más lejos aún. No solo observa mi diario vivir desde la distancia; Él también ve mi interior: "aun a la distancia me lees el pensamiento... No me llega aún la palabra a la lengua cuando tú, Señor, ya la sabes toda" (vv. 2, 4). Él sabe de quién estoy celosa. Él sabe a quién menosprecio. Él conoce sobre esa horrible actitud de orgullo que hago todo lo posible por ocultar.

Pero en Dios encontramos lo que no podríamos encontrar en ningún amigo: alguien que está con nosotros y para nosotros, a pesar de conocernos por completo. Él mira nuestras partes más oscuras y nos ama de todos modos, en lugar de alejarse decepcionado o disgustado.

EN LAS BUENAS Y EN LAS MALAS

Dios no solo te conoce, Él *actúa por ti*:

> *¿A dónde podría alejarme de tu Espíritu?*
> *¿A dónde podría huir de tu presencia?*
> *Si subiera al cielo,*
> *allí estás tú;*
> *si tendiera mi lecho en el fondo del abismo,*
> *también estás allí.*
> *Si me elevara sobre las alas del alba,*
> *o me estableciera en los extremos del mar,*
> *aun allí tu mano me guiaría,*
> *¡me sostendría tu mano derecha!*
> *Y, si dijera: «Que me oculten las tinieblas;*
> *que la luz se haga noche en torno mío»,*
> *ni las tinieblas serían oscuras para ti,*
> *y aun la noche sería clara como el día.*
> *¡Lo mismo son para ti las tinieblas que la luz!*
> *(vv. 7-12).*

Dios permanece con nosotros en las buenas y en las malas. Es imposible distanciarnos de Dios porque, literalmente, Él está en todos lados, aun "en los extremos del mar".

Estos versículos denotan la distancia espiritual, así como la distancia geográfica. Dios está allí cuando nos sentimos sublimemente cerca de Él. Pero también está allí cuando deliberadamente decidimos alejarnos de Él, cuando hacemos nuestras camas metafóricas en lugares estúpidos e insistimos en acostarnos en ellas. Él ve cada pensamiento feo y escucha cada palabra cruel y, a pesar de eso, Él no nos deja ir. Él está allí incluso cuando nuestras circunstancias son tan sombrías que hemos perdido toda esperanza.

¿Y qué está haciendo? Te guía hacia adelante y te sostiene fuerte. Como un padre cuida a su niño pequeño que está inestable sobre sus pies, su mano agarra firmemente la tuya para que no te caigas.

Disfrutamos la calidez y la familiaridad de las viejas amistades, esas relaciones que parecen correspondernos a la perfección, como un viejo suéter que huele a hogar, tejido con los hilos de recuerdos compartidos. Tú y Dios se conocen aun desde antes que eso y ambos juntos seguirán adelante...

> *Tú creaste mis entrañas;*
> *me formaste en el vientre de mi madre.*
> *¡Te alabo porque soy una creación admirable!*
> *¡Tus obras son maravillosas,*
> *y esto lo sé muy bien!*
> *Mis huesos no te fueron desconocidos*
> *cuando en lo más recóndito era yo formado,*
> *cuando en lo más profundo de la tierra*
> *era yo entretejido.*
> *Tus ojos vieron mi cuerpo en gestación:*
> *todo estaba ya escrito en tu libro;*
> *todos mis días se estaban diseñando,*
> *aunque no existía uno solo de ellos.*
> *¡Cuán preciosos, oh Dios, me son tus pensamientos!*
> *¡Cuán inmensa es la suma de ellos!*
> *Si me propusiera contarlos,*
> *sumarían más que los granos de arena.*
> *Y, si terminara de hacerlo,*
> *aún estaría a tu lado (vv. 13-18).*

Ya sea que nos sintamos solos o no, el versículo 16 es una verdad que acaba con la "crisis del cuarto de vida": "todos mis días se estaban diseñando, aunque no existía uno solo de ellos". Piensa en eso por un momento: los aburridos y los divertidos, todos tus días están allí incluidos. Todos los días por venir y todos los que ya quedaron atrás, todos fueron diseñados. Los días de los que te has olvidado y aquellos que desearías poder olvidar. Los días en los que te despertaste feliz y te fuiste a la cama triste, así como los días en los que te despertaste triste y te fuiste a dormir feliz.

Por lo tanto, si estoy anhelando poder contarle todas estas cosas a alguien, alguien que me escuche el tiempo suficiente y a quien yo le interese lo suficiente, puedo mirar a Dios y saber que he encontrado a ese alguien. Puedes haber escuchado que se describe al cristianismo como una "relación personal con Dios". El problema es que, a menudo, no la tratamos como si fuera así de personal. Leo las palabras de David en este salmo y lucho para relacionarlas con mi propio "caminar con el Señor". Pero si confiamos en Cristo, una relación con Dios así de personal *ha sido* abierta para nosotros. La muerte de Cristo provee "un camino nuevo y vivo que él nos ha abierto" a la presencia de Dios, lo cual significa que podemos "acercarnos a Dios" mismo (Hebreos 10:20-22).

Si tu relación con Dios actualmente no se *siente* así de personal, date cuenta de que es posible que la sientas así:

Examíname, oh Dios, y sondea mi corazón;
ponme a prueba y sondea mis pensamientos.
Fíjate si voy por mal camino,
y guíame por el camino eterno (Salmo 139:23-24).

Examinar, sondear, poner a prueba, observar, guiar: esta es la manera en la que Dios se relacionaba con David, y esta es la forma en la que Dios se relaciona con nosotros a medida que leemos y recordamos su Palabra.

A menudo me equivoco con esa lista: me acerco a la Biblia como si se tratara de leer, comprender, pensar, saber. Y eso es una parte. Pero si esos fueran los términos en los que me acercara a una amistad humana, las cosas se desmoronarían bastante rápido (en parte porque suena un poco extraño e intenso).

Cuando leemos la Palabra de Dios, nos acercamos a escuchar a un Dios vivo que nos habla, no como lo hace un político a través de la pantalla del televisor, sino como un amigo, cara a cara. Las Escrituras cobran vida para nosotros por el Espíritu de una manera que significa que mientras las leemos, Dios nos está examinando, conociendo, probando, observando y guiando.

En su libro *You Can Really Grow* [Realmente, puedes crecer], John Hindley señala que estamos destinados a leer la Biblia, no como un manual de instrucciones o una lista de tareas, sino como una carta de amor:

> *La Biblia es ante todo una carta de amor de Cristo a su pueblo.*
> *Sería muy distinto... si te sentaras con tu Biblia, pidieras ayuda al*
> *Espíritu y pensaras:* Estoy a punto de escuchar acerca de Jesús.
> Estoy abriendo su carta de amor. Es verdadera, es hermosa y
> me está hablando a mí *(pp. 56, 66).*

Abre la Biblia con esta expectativa, y Dios conmoverá tu corazón y tus pensamientos, y te guiará paso a paso hacia la gloria.

Si tienes veintitantos años y lamentas tu falta de amigos, apóyate en Él. Y recuerda esto: no estás solo.

SEIS CONSEJOS COMPROBADOS SOBRE LA AMISTAD

Conocer a Dios de esta manera nos libera de acercarnos a otras personas como un medio para satisfacer nuestras propias necesidades emocionales, o pretender satisfacer las suyas.

La ironía es que, cuanto más abrazamos esta relación personal con Dios, más libres somos para disfrutar de nuestras amistades. No usaremos a otras personas como una herramienta para hacernos sentir bien. No los agobiaremos con expectativas que no pueden cumplir. Seremos libres para simplemente amar a los demás, comprometernos con ellos y decirles la verdad, sin preocuparnos todo el tiempo por lo que pensarán o por si estamos divirtiéndonos más con otra persona.

A medida que abordemos la vida de esta manera, descubriremos que, la mayoría de las veces, conseguimos buenos amigos al ser buenos amigos. Después de todo, Dios quiere que disfrutemos de amistades humanas de calidad: "No es bueno que el hombre esté solo" (Génesis 2:18). Pero ¿qué quiere decir exactamente ser un buen amigo? Vayamos a Proverbios para ver seis consejos comprobados y prácticos.

1. CALIDAD, NO CANTIDAD
Hay amigos que llevan a la ruina,
  y hay amigos más fieles que un hermano (Proverbios 18:24).

A veces miro a otras personas que tienen más amigos y vidas sociales más ocupadas, y me siento... bueno, celosa. Pero Proverbios nos recuerda que lo que realmente importa es la calidad de las relaciones, no la cantidad. No lograrás aliviar tu soledad por acumular una red de "amigos" de poca confianza o distantes, ni con conocidos bien intencionados, o por intentar mantener la comunicación con cada persona que hayas conocido. Es mucho mejor (y mucho menos agotador) cultivar ese tipo de relaciones cercanas que se mantienen unidas y se convierten en tu familia. Eso lleva tiempo.

Y aquí entra en juego la intencionalidad. Busca relaciones con aquellos que sabes que tienen la cualidad de ser amigos cercanos y la personalidad para ser *tus* amigos cercanos. Toma la iniciativa para hacer crecer esas amistades. No consagres a un conocido en particular como "el elegido", y luego te desalientes y amargues cuando las cosas no funcionen de esa manera.

Del mismo modo, no te preocupes por la cantidad de amigos que alguien ya tiene, como si eso significara automáticamente que no hay lugar para una amistad contigo. Ya nadie clasifica a sus ocho mejores amigos en MySpace como en el 2006. Somos adultos.

2. INVIERTE EN DONDE ESTÁS
No abandones a tu amigo ni al amigo de tu padre.
  No vayas a la casa de tu hermano cuando tengas un problema.
  Más vale vecino cercano que hermano distante (27:10).

Si nosotros o nuestros amigos nos hemos mudado, es tentador pensar que nuestros Amigos Verdaderos son los que están lejos. Podríamos pasar nuestras noches llamándolos por teléfono y nuestros fines de semana yendo a visitarlos. En sí, no hay nada malo con eso, pero existe el peligro de que fracasemos en dedicar tiempo a construir relaciones en donde nos encontramos en realidad. No solo necesitas amigos cristianos (aunque tampoco necesitas solamente amigos cristianos), necesitas amigos cristianos *de tu iglesia*, a quienes veas una vez por semana o más. No precisan ser iguales que tú en cuanto a la edad, etapa que enfrentan o trasfondo; solo tienen que ser "vecinos", solo tienen que estar cerca.

También hay un elemento emocional en esto. Si estoy dependiendo emocionalmente de personas lejanas, no necesitaré depender emocionalmente de personas cercanas, y esa interconexión emocional es esencial para la amistad real.

Entonces, ¿dónde estás invirtiendo? ¿De quiénes dependes? ¿Están cerca o lejos?

3. AMA EN TODO TIEMPO

> *En todo tiempo ama el amigo;*
> *para ayudar en la adversidad nació el hermano (17:17).*

Esto es fácil de escribir, pero difícil de vivir. Solo sigue amando. Ama a las personas cuando la vida sea divertida y tranquila, y también cuando sea aburrida y difícil. Y recuerda que tus amistades serán más significativas, según cuánto agregues del ingrediente mágico: tiempo.

Cuando practicamos la amistad a piloto automático, rápidamente nos rodearemos de amigos que son como nosotros o que nos hacen sentir bien. Pero necesitamos estar preparados para acercarnos a hermanos y hermanas que están enfrentando períodos de adversidad.

Esa es la razón por la cual Dios los ha hecho familia.

4. PERDONA LIBREMENTE

> *El que perdona la ofensa cultiva el amor;*
> *el que insiste en la ofensa divide a los amigos (17:9).*

Mientras más te acercas a alguien, habrá más oportunidades de fastidiarse mutuamente. Pero bajo circunstancias normales, esta no es una razón para escapar hacia otro lado, es una oportunidad para amar a la manera de Cristo y "cubrir" la ofensa. Esto significa tener una actitud que dice: *Lo que hiciste o dijiste me lastimó, pero voy a soportar el costo emocional y elegir seguir amándote. No te voy a criticar ni a quejarme de ti frente a otras personas.*

Y por supuesto, con frecuencia tú deberás ser quien necesite disculparse. Una de las cosas que en realidad ha profundizado más mis relaciones es pedir disculpas y recibir el perdón, generalmente luego de haber dicho algo estúpido. Sé rápido para pedir perdón.

5. HABLA GRACIA

El que ama la pureza de corazón y tiene gracia al hablar
    tendrá por amigo al rey (22:11).

A menudo pensamos que una "buena conversación" es la que fluye fácil y naturalmente. Pero en realidad, para tener una buena conversación necesitamos hablar con gracia. Parte de esto es hablar *de* la gracia: recordarnos unos a otros que lo que Dios nos ha dado es mucho más de lo que pudiéramos merecer. Pero también debemos procurar hablar *con* gracia: llenar nuestras conversaciones con palabras que sean verdaderas, amables, nobles, alegres, agradecidas y tiernas. Las "bromas" cristianas son divertidas en el mejor de los casos, hirientes en el peor y, por lo general, simplemente improductivas. Es un verdadero gozo rodearse de personas que hablan con gracia.

Si eres como yo, esto no es fácil, pero el Espíritu de Dios puede ayudarnos. Por tanto, cuando vayas de camino a la iglesia o a reunirte con alguien, tómate un momento para orar: "Señor, por favor, hoy dame la oportunidad de hablar con gracia con esta persona".

6. SÉ VULNERABLE

El perfume y el incienso alegran el corazón;
    la dulzura de la amistad fortalece el ánimo (27:9).

Vulnerable. Odio esa palabra. En primer lugar, porque está trillada y, en segundo lugar, porque es incómoda. Pero la dicha en las relaciones proviene de un intercambio franco y, para que eso ocurra, alguien tiene que comenzar.

Aquí te dejo un desafío para la próxima vez que estés con alguien que conoces poco o es parte de un estudio bíblico: solo di algo honesto sobre ti, como "Me siento..." o "Estoy luchando con...". Supera el miedo a la incomodidad y persiste en intentar ser sincero, incluso si no obtienes los resultados que deseas de inmediato. Desnuda un poco tu corazón, y es posible que recibas la dicha de un consejo franco.

DAME A QUIEN NECESITO

Antes mencioné que el asunto de la amistad es uno de mis grandes problemas psicológicos, pero cuando miro al año pasado, también veo que es una de las áreas en donde he visto con mayor claridad la bondad de Dios. Hace un tiempo, estaba perdiendo amigos a velocidad alarmante. Todos se estaban casando o mudando fuera de la ciudad, o ambas cosas. Suelo escribir en un diario íntimo (es como este libro, pero incluso más personal) y, en un momento extraño de madurez espiritual, escribí que estaba "confiando en que Dios me proporcionaría lo que necesitaba para la próxima temporada".

Y Él lo hizo. Ha puesto nuevas personas en mi camino. Me ha dado oportunidades de desarrollar relaciones más profundas. Todavía en ocasiones me siento sola, pero menos que en el pasado.

Las amistades no ocurren en un instante. Si todavía estás añorando encontrar "El Amigo", déjame decírtelo: probablemente no exista. Las relaciones entre adultos simplemente no funcionan de esa manera.

Pero Dios puede y te va a dar lo que necesitas y a quién necesitas. Obviamente y por sobre todas las cosas, cuentas con Él mismo. Por lo tanto, recurre a Aquel que te conoce y te ama, y pídele que te dé esas amistades humanas que te gustaría tener. Tal vez te sorprenda su respuesta.

8. SOLTERO

¿POR QUÉ TODOS LOS DEMÁS YA SE ESTÁN CASANDO?

Antes de comenzar este capítulo, permíteme detallarte un poco el contexto: mi hermana se casa en once días.

En caso de que no tengas una hermana, deberías saber que las hermanas pasan gran parte de su niñez teniendo celos entre sí. Ella es hermosa y carismática. Yo soy inteligente y, por lo general, bien educada. (Ya te darás cuenta cuál preferiría ser yo, ¿verdad?). Pero ahora que somos adultas y tenemos nuestras propias vidas separadas, ninguna de nosotras siente estar viviendo a la sombra de la otra. Más bien, podemos iluminar las formas en que brilla la otra.

Y el día de su boda, Martha seguramente brillará.

Sin embargo, la verdad es que... hubiera querido ser yo.

No me malinterpreten, amo a mi hermana y tengo muchas ganas de celebrar con ella. Pero, al mismo tiempo, una parte de mí les tiene pavor a las fotos familiares de mis hermanos al lado de sus parejas y yo sola por otro lado. De todas las bodas en las que he estado, esta me permitirá ver más claramente cuál sería la expresión de mi padre si alguna vez me entregara en el altar. Y todo el tiempo sabré que no soy yo; y todo el tiempo sospecharé que nunca lo seré.

¿Por qué te estoy diciendo todo esto? Porque quiero que sepas que estoy escribiendo este capítulo con la necesidad y el deseo de que las cosas que voy a escribir sean verdaderas, tal vez ahora más que nunca.

En realidad, en cualquier etapa en que te encuentres, este es un capítulo que debes leer. Sí, es para ti si estás soltero, ya sea por ahora o para toda la vida. (Y tal vez sepas que será toda una vida, porque te atrae el mismo sexo y no imaginas que el matrimonio alguna vez sea una opción para ti).

Pero este capítulo también es para ti si estás de novio, comprometido o casado; ya que bien puedes terminar estando soltero de nuevo algún día. (O tal vez ese es tu caso y sientes que no encajas en la realidad de nadie más). Por otro lado, sea cual sea tu estado civil, definitivamente tendrás amigos solteros que necesiten que les digas verdades útiles, en lugar de comentarios ilógicos, bromas hirientes o temas inútiles.

De alguna manera, sospecho que soy un poco joven para escribir sobre la soltería (o, a decir verdad, sobre cualquier cosa). Lo que voy a escribir no proviene de la resiliencia probada de un hombre o mujer de cuarenta o cincuenta años que ha pasado décadas soltero. En muchos sentidos, todavía estoy bastante relajada; muchos de mis amigos aun no tienen pareja (aunque el número se reduce año tras año), y casi ninguno de ellos tiene hijos todavía.

Si eres soltero, espero que tus sentimientos acerca de ese "estado" hayan cambiado bastante en los últimos diez años. Tal vez el tictac de tu reloj biológico aumenta su volumen con el tiempo, y tu sensación de pánico o tristeza va en crecimiento. O como observó recientemente un amigo que tiene poco más de veinte años: "Al principio, todos mis amigos cristianos se casaron, y yo no. Y ahora todos mis amigos no cristianos también se van a casar. Por años me he sentido desconectado de uno de mis grupos de amigos. Ahora ya me siento desconectado de los dos". Este amigo dijo que lo más útil que ha encontrado para aceptar su propia soltería prolongada es verlo como una especie de proceso de duelo: llorar la pérdida cada vez más probable de la vida que siempre había esperado, y aceptar cómo pueden llegar a ser las cosas en su lugar.

Es posible que hayas oído hablar de las "Cinco etapas del dolor" establecidas por la psicóloga Elisabeth Kübler-Ross. Es así como se aplica para los cristianos cuando se trata de soltería no deseada:

- Negación: *Esto no es posible. Encontraré a alguien algún día. Solo tengo __-_ años. Tengo mucho tiempo.*

- Ira: *¿Por qué Dios me negaría esto? No es justo. Yo sería un novio/ novia mucho mejor que él/ella. ¿Cómo puede ser que ellos tengan a alguien y yo no?*

- Negociación: *Dios, ¿qué quieres de mí? He estado sirviendo muchísimo en la iglesia y leyendo mi Biblia, y todavía nada en cuanto a una relación. Tal vez sea cierto lo que dicen: cuando dejas de buscar, encuentras a alguien. Tal vez si fuera más _____, esa persona me querría.*

- Depresión: *Nadie me quiere. Siempre estaré solo.*

Y para algunos de nosotros...

- Aceptación: *Tal vez nunca me case. Y tal vez eso está bien. Y tal vez incluso está bien que esté bien.*

No sé en cuál etapa estés. Creo que debe ser posible pasar de una etapa a otra, porque estoy bastante segura de que me ha pasado. Pero para muchos, la "crisis del cuarto de vida" realmente llega a un punto cúspide cuando se dan cuenta de que bien podrían terminar solos los próximos tres cuartos de vida. Si ese pensamiento te llena de temor, sigue leyendo.

CÓMO ESTAR BIEN

Es posible que ya hayas leído y escuchado mucho sobre la soltería. Has oído hablar del don de la soltería, y revoleas los ojos ante todos los chistes sobre qué es el regalo que todos quieren cambiar por otro. Has hablado con personas que dicen estar contentos con su soltería, pero no puedes imaginar que sea para ti. Te has abocado a la iglesia, al trabajo, a los deportes o lo que sea, pero no te ha ayudado con tu soledad. Conoces todas las respuestas correctas, pero no contienen el toque humano que anhelas.

La verdad es que no esperabas tener esta edad y aún no estar comprometido o casado, o disfrutar del tipo de relación seria que te permita soñar con realismo. Ahora no puedes librarte de la sensación de que se te está acabando el tiempo (sin mencionar las opciones disponibles). Estás empezando a entrar en pánico: *¿Y si nunca me caso? ¿Qué pasa si me quedo soltero toda la vida?*

Por eso quiero comenzar este capítulo con el libro de Lamentaciones. Sé lo que estás pensando: *¿Lamentaciones? ¡Pensé que estabas tratando de hacerme sentir mejor por estar soltero, no peor!* Pero tenme paciencia:

> *El gran amor del SEÑOR nunca se acaba,*
> > *y su compasión jamás se agota.*
> *Cada mañana se renuevan sus bondades;*
> > *¡muy grande es su fidelidad!*
> *Por tanto, digo:*
> > *«El SEÑOR es todo lo que tengo.*
> > *¡En él esperaré!» (Lamentaciones 3:22-24).*

Esto es útil por dos razones. Primero, si en este momento te sientes despreciado, rechazado e indeseable, debes saber que Dios te ama mucho. Él te eligió para ser parte de su pueblo, y te anhelaba tanto como para enviar a su Hijo para salvarte de ser consumido por la ira que te correspondía.

Y segundo, las bondades del Señor son nuevas cada mañana.

Eso significa que, en este momento, no necesitas considerar que estarás soltero dentro de cincuenta años. No es necesario mirar con pavor la línea de tiempo, cuando todos tus amigos tengan hijos (y luego nietos). No necesitas entrar en pánico sobre lo que harás financieramente, dónde pasarás tus vacaciones o quién elegirá tu hogar de ancianos. Las bondades del Señor son nuevas cada mañana. El contentamiento sobre nuestra soltería no es un estado al que llegamos y luego disfrutamos por el resto de nuestras vidas. Dependemos que el Señor nos lo dé cada día.

Así que aquí está la pregunta clave: ¿Hay alguna manera de sentirte bien por estar soltero *hoy*? No te preocupes por estar soltero mañana, o la próxima Navidad, o cuando tengas treinta o cuarenta años, sino solo *hoy*.

Estamos a punto de ver algunas buenas razones por las que puedes sentirte bien. Pero antes de verlas, recuerda que lo que importa es el *hoy*. Si puedes sentirte bien por estar soltero hoy, puedes sentirte bien por estar soltero mañana cuando se convierta en tu hoy, y el día siguiente y todos los días venideros. ¿Por qué? Porque las bondades del Señor son nuevas cada mañana, y mañana Él será todo lo que necesites que sea. En treinta años seguirá siendo fiel. De aquí a cincuenta años, Él no te fallará. Tal vez un día te cases (y desees haber perdido menos tiempo de tus años de soltero preocupándote por ello) o tal vez no. De todas maneras, Dios comprobará su fidelidad, día tras día tras día.

Entonces, ¿puedes sentirte bien por estar soltero hoy? Claro que sí, y esta es la razón:

ESTAR SOLTERO ESTÁ BIEN ("SÍ, PERO...")
El pasaje de la Biblia que estás a punto de leer es bastante radical. Mi pastor predicó sobre esto en nuestra iglesia recientemente y, al final del servicio, hubo una sesión anónima de preguntas y respuestas por mensajes de texto. En efecto, las preguntas casi todas comenzaron con: "Sí, pero...". Las personas simplemente no podían entender la idea de que el apóstol Pablo realmente quisiera decir lo que dice aquí. Pero así es. Así que dedica un poco tiempo para asimilarlo por ti mismo:

> *En cuanto a las personas solteras, no tengo ningún mandato del Señor, pero doy mi opinión como quien por la misericordia del Señor es digno de confianza. Pienso que, a causa de la crisis actual, es bueno que cada persona se quede como está. ¿Estás casado? No procures divorciarte. ¿Estás soltero? No busques esposa. Pero, si te casas, no pecas; y, si una joven se casa, tampoco comete pecado. Sin embargo, los que se casan tendrán que pasar por muchos aprietos, y yo quiero evitárselos.*

Lo que quiero decir, hermanos, es que nos queda poco tiempo. De aquí en adelante los que tienen esposa deben vivir como si no la tuvieran; los que lloran, como si no lloraran; los que se alegran, como si no se alegraran; los que compran algo, como si no lo poseyeran; los que disfrutan de las cosas de este mundo, como si no disfrutaran de ellas; porque este mundo, en su forma actual, está por desaparecer.

Yo preferiría que estuvieran libres de preocupaciones. El soltero se preocupa de las cosas del Señor y de cómo agradarlo. Pero el casado se preocupa de las cosas de este mundo y de cómo agradar a su esposa; sus intereses están divididos. La mujer no casada, lo mismo que la joven soltera, se preocupa de las cosas del Señor; se afana por consagrarse al Señor tanto en cuerpo como en espíritu. Pero la casada se preocupa de las cosas de este mundo y de cómo agradar a su esposo. Les digo esto por su propio bien, no para ponerles restricciones, sino para que vivan con decoro y plenamente dedicados al Señor.

Si alguno piensa que no está tratando a su prometida como es debido, y ella ha llegado ya a su madurez, por lo cual él se siente obligado a casarse, que lo haga. Con eso no peca; que se casen. Pero el que se mantiene firme en su propósito, y no está dominado por sus impulsos, sino que domina su propia voluntad, y ha resuelto no casarse con su prometida, también hace bien. De modo que el que se casa con su prometida hace bien, pero el que no se casa hace mejor (1 Corintios 7:25-38).

(Y vale la pena decir que, independientemente de qué haya pasado en tu historia romántica, si no estás casado, este pasaje aplica igualmente para ti. La gracia de Dios nos ofrece a todos una página en blanco. Aunque cargues con cicatrices emocionales de errores pasados, Dios no te castiga ni te define por esos errores, así que tú tampoco deberías hacerlo).

En esta parte de la epístola, Pablo tiene su propia sesión de preguntas y respuestas para contestar los interrogantes que los cristianos de Corinto le habían hecho. Básicamente, la pregunta era: *Eh, Pablo, el sexo es malo, ¿cierto? Es un poco sucio, no demasiado espiritual y mejor si lo evitamos.* O como lo dijeron textualmente: "Es mejor no tener relaciones sexuales" (v. 1).

En la primera mitad del capítulo, Pablo dice que el sexo dentro del matrimonio no es malo, y que los cónyuges deben comprometerse físicamente entre sí, ambos buscando ser desinteresados con sus cuerpos. Pero luego, en nuestro pasaje, continúa explicando que es mejor no casarse en lo absoluto (v. 26).

Esto no pretende subestimar el matrimonio. Pablo enfatiza varias veces que casarse no es pecaminoso (vv. 28, 36), es un regalo de Dios (v. 7). Si quieres casarte, dice Pablo, adelante. Si anhelas casarte y estás buscando casarte, está bien, no es una señal de pecado y ciertamente no es una señal de debilidad. El matrimonio es bueno. La paternidad es buena. En un sentido, es bueno querer ambas cosas.

Pero el versículo 38 resume el argumento radical de Pablo: *Estar casado y sexualmente activo es bueno... pero estar soltero y célibe es mejor.*

Y eso es algo que nos resulta muy difícil de creer, especialmente en nuestra cultura occidental obsesionada con el sexo, y especialmente en nuestra cultura *eclesiástica* obsesionada con el matrimonio.

Entonces, ¿qué se necesitaría para que tú y yo pensemos que Pablo tiene razón? ¿Qué ve él que nosotros no vemos?

Creo que, para la mayoría de nosotros, lo que nos estamos perdiendo no es una idea que Pablo tenga sobre el estado del matrimonio y la soltería. No, lo que nos falta es la perspectiva de Pablo sobre el tiempo. La razón por la que es bueno permanecer soltero es "a causa de la crisis actual" (v. 26). Pablo aclara qué es esta "crisis" unos versículos después: "Lo que quiero decir, hermanos, es que nos queda poco tiempo... porque este mundo, en su forma actual, está por desaparecer" (vv. 29, 31).

Este mundo está viviendo en tiempo extra. Se acerca un día en que Cristo regresará y renovará la creación por completo. Eso significa que, aunque seguimos participando activamente en "las cosas de este mundo" (casarnos, ganar y gastar dinero, sufrir pérdidas y celebrar victorias), lo hacemos sabiendo que ninguna de esas cosas es lo que más importa, porque nada de eso durará (vv. 29-31). Un día, nuestros cónyuges no serán nuestros cónyuges, nuestras alegrías y penas terrenales no nos definirán, y nada de lo que poseamos nos podremos llevar (ver Lucas 20:34-36). Y ese día llegará pronto.

Hasta entonces, lo único que importa es asegurarnos de que estemos listos para ello y ayudar a otros a estar preparados para ello también. Si supieras que el mundo va a terminar esta noche, probablemente no pasarías tus últimas horas navegando en Tinder.

Lo mejor que podemos hacer con las horas o los años que nos quedan hasta que el Señor regrese es vivir de todo corazón para Él. Y el razonamiento de Pablo es que estar solteros nos pone en una posición mejor para hacer eso. *Esta es la realidad urgente en la que nos encontramos, que ocupa toda nuestra atención*—dice Pablo—. *¿Por qué querrías ser algo más que soltero?*

Después de todo, una persona casada tiene sus intereses "divididos". Es innegable que un cónyuge (e hijos) exigen el tiempo y el dinero de alguien. Los horarios tienen que ser planificados con ellos en mente, al igual que las decisiones.

Es probable que hayas escuchado el mito común de que las personas solteras tienen más tiempo que las casadas. No es verdad. Dios nos da a todos veinticuatro horas en un día y siete días en una semana. Pero como persona soltera, tengo un mayor grado de flexibilidad en cómo uso esas horas. Si bien tengo responsabilidades, no se trata de mandar a nadie a la cama a las 7:30 cada noche. En general, puedo comer tan tarde como quiero, ir a donde quiero el fin de semana y ordenar mi habitación solo cuando lo considero necesario.

Esto me da una flexibilidad increíble para trabajar en "los asuntos del Señor". Puedo reunirme personalmente con alguien. Puedo dedicarme a algún pasatiempo extraño para conocer personas nuevas en la comunidad. Puedo ofrecer dirigir un estudio bíblico la próxima semana. Puedo pasar una semana de mi voluntariado de verano en un campamento cristiano. Puedo cambiarme de casa para formar parte de una iglesia. Incluso puedo cuidar a los hijos de mis amigos casados...

NO LO DESPERDICIES, ÚSALO

Hazte la siguiente pregunta: el resumen que da Pablo sobre la vida de un soltero ¿es un resumen preciso de cómo estás usando tu tiempo? ¿Cómo terminarías el versículo 32 o el 34 si se tratara de ti? "El soltero/la soltera se preocupa por..." ¿Casarse? ¿Comprar una casa? ¿Avanzar en su carrera? ¿Viajar por el mundo en su moto? ¿O por "los asuntos del Señor"?

Para serte sincera, la mayoría de las veces "los asuntos del Señor" están muy por debajo de la lista de mis preocupaciones. Estoy dedicada a complacerme a mí misma, no a Jesús. Estoy enfocada en mi propia comodidad, no en la agenda del Señor. Lo que significa que me regocijo en mi soltería solo en lo que respecta a esas prioridades. En los momentos en que creo que estaría más cómoda o más feliz con una pareja, la satisfacción se vuelve imposible, porque lo que finalmente deseo es comodidad o felicidad, no "agradar al Señor". Cuando eso sucede, veo mi soltería como un obstáculo para mi felicidad, no como un regalo para mi bien. Mi soltería solo puede ser algo bueno si el objetivo de mi vida es ser "devota al Señor": invertir el cien por ciento en vivir para Él. Cuando estoy inconforme con mi soltería, generalmente es porque mis prioridades están incorrectas.

Por tanto, ¿qué sería mejor para ti?, ¿vivir como la persona soltera del versículo 32, o como la del versículo 34? Esta no es una cuestión de planificación, es una cuestión de actitud. Aquí estás, en el mejor momento de tu vida, libre para usar tu tiempo y energía en las cosas que importan. No desperdicies tu soltería. Úsala.

Pero este pasaje también desmiente el mito de que, si somos solteros, de alguna manera nos falta algo. Después de todo, si no tengo la otra mitad (o una "mitad mejor"), entonces, bueno... solo soy la mitad. No es así, dice Pablo. De hecho, en estos versículos son las personas casadas las que están "divididas", no las personas solteras. La persona soltera es libre para estar "consagrada al Señor tanto en cuerpo como en espíritu"; esa es una descripción de la totalidad, no de la mitad. La sensación de plenitud que anhelamos no vendrá de casarnos y dividir nuestros intereses, sino de vivir de todo corazón por Jesús. Y saber esto y aferrarnos a esto es lo que nos librará a ti y a mí de una creciente amargura en nuestros corazones, y de salir con alguien que no puede ayudarnos con los asuntos del Señor, porque no conoce ni ama al Señor en absoluto (1 Corintios 7:39; 2 Corintios 6:14-18).

Solo en Jesús podremos cumplir nuestros más profundos deseos y anhelos. Completamente.

CUANDO JESÚS NO PUEDE VACIAR TU TRAMPA PARA RATONES

Y todo eso es genial... en teoría. Pero no parece ayudarte con tu lujuria ni con tu soledad. No hace que sea más fácil cada vez que tienes que llegar solo a los eventos sociales. No te ayudará demasiado cuanto te toque tomar decisiones trascendentales por ti mismo. No parece ayudarte a que tus deseos sexuales desaparezcan. Como me dijo una amiga que tenía un problema de roedores en su casa: "Entiendo que Jesús lo es todo, pero Él no está aquí físicamente, y anhelo una relación física más que cualquier otra cosa. Además, Jesús no puede vaciar las trampas para ratones". (Porque es difícil seguir siendo feminista cuando se trata de lidiar con roedores muertos).

La vida como cristiano soltero parece tan... difícil.

No eres el primero en pensar eso. De hecho, hay un incidente en el Evangelio de Lucas donde los discípulos están consternados por lo difícil que parece seguir a Jesús.

—Mira —le dijo Pedro—, nosotros hemos dejado todo lo que teníamos para seguirte.

—Les aseguro —respondió Jesús— que todo el que por causa del reino de Dios haya dejado casa, esposa, hermanos, padres o hijos *recibirá mucho más en este tiempo; y en la edad venidera, la vida eterna (Lucas 18:28-30).*

Las palabras de Jesús muestran que la iglesia está destinada a ser una familia: es el lugar donde encontramos hermanos, hermanas, padres, hijos y un hogar. Cuando te hacen la temida pregunta: "¿Tienes una familia?", en un sentido muy real, la respuesta es "sí", tienes una familia. Eres parte de la familia de Dios. Si necesitas que alguien vacíe tus trampas para ratones, deberías poder encontrar a esa persona en la iglesia. (O compra un par de guantes y mirar algunos tutoriales de YouTube para poder vaciar las ratoneras de otras personas). No debería haber personas solitarias en la familia de Dios.

Sin embargo, a veces nuestras iglesias no son todo lo que queremos o necesitamos que sean. A menudo, es el lugar más difícil para estar soltero, cuando realmente debería ser el más fácil. Algunas personas dicen las cosas más estúpidas. Cuando comencé a escribir este capítulo, estaba convencida de incluir una lista de todos los comentarios hirientes o indiscretos que alguien me haya hecho por ser soltera. Quizá llevas una lista similar en tu cabeza.

Pero no he escrito esa lista. Sinceramente, yo también he dicho cosas hirientes e indiscretas sobre casi todos los temas, y sin duda, hubo personas a las cuales no supe acompañar en su soledad. Si bien es oportuno desafiar amorosamente a las personas (casadas) a vivir de acuerdo con la visión de Jesús de la familia de la iglesia, albergar amargura o sentir pena por mí misma no resulta de ninguna utilidad. Siempre es mejor mostrar gracia que tomar el papel de víctima. Por lo tanto, si crees que nadie te invita a cenar porque no tienes pareja, invítalos tú a cenar y demuéstrales que vale la pena.

En algunas ocasiones, tendremos que trabajar más duro de lo que deberíamos para construir una comunidad. Pero aún podemos tratar de estar agradecidos por las pequeñas cosas. Hay un chico en mi grupo pequeño llamado Lean que me ayuda a cambiar las bombillas de mi auto y a mudarme de casa con su camioneta. Estoy agradecida por un hermano en Cristo como él. Tengo una amiga llamada Clara que me invita a cenar antes de la reunión de oración de la iglesia y me deja jugar con sus ocurrentes hijos antes de que se vayan a dormir. Estoy agradecida por una hermana en Cristo como ella. Hay pequeñas almas que veo convertirse en grandes personalidades semana tras semana y año tras año. Estoy agradecida por esa clase de niños en Cristo. Dios me ha dado muchas personitas para atesorar, incluso aunque nunca tenga hijos propios.

Sea cual sea tu iglesia, me imagino que también tienes personas por las que puedes estar agradecido.

NO TE SIENTAS SATISFECHO CON TU SOLTERÍA

Anteriormente en este capítulo, pregunté: *¿Hay alguna manera de sentirte bien por estar soltero hoy?*

Pues la hay. Sin embargo, la verdad es que estar satisfechos con nuestra soltería no es realmente el objetivo.

No necesito tratar de estar más conforme con mi soltería, ni hoy, ni en el día de la boda de mi hermana ni nunca. Más bien, necesito estar más convencida de que "este mundo, en su forma actual, está por desaparecer" (1 Corintios 7:31). Necesito estar tan consumida por esta realidad, que estar soltera o casada, simplemente no importe tanto. Necesito levantar mis ojos hacia un horizonte diferente, más allá de las incertidumbres de las próximas décadas, a la asombrosa certeza que resuena dentro de mí.

Incluso el mejor matrimonio es solo una imagen de lo que le espera a cada cristiano. La relación permanente de amor e intimidad entre un esposo y una esposa, la relación que quizá aún ahora te duele el corazón, es un pequeño adelanto de tu futuro. Señala un momento en que la novia de Cristo, la Iglesia, es llevada a conocer a su novio y disfrutar de una relación verdaderamente permanente de amor e intimidad con Él. El matrimonio es solo el tráiler. Estar soltero ahora es como perderse el avance de tres minutos de una película épica que, de todos modos, terminarás viendo durante las tres horas completas.

"NECESITAMOS LEVANTAR NUESTROS OJOS HACIA UN HORIZONTE DIFERENTE, MÁS ALLÁ DE LAS INCERTIDUMBRES DE LAS PRÓXIMAS DÉCADAS".

#YESTOESTODO

En el día de la boda en el cielo, ningún cristiano sentirá que se ha quedado afuera o se ha perdido algo. Este mundo y todas sus relaciones en su forma actual están desapareciendo. ¿Por qué pasaría mis años veinte sufriendo por un día que puede suceder o no, cuando puedo pasarlos preparándome para un día que definitivamente sucederá?

Esto es lo que necesito hacer para prepararme para la boda de mi hermana. Esto es lo que tú y yo debemos hacer para prepararnos para cada boda a la que asistimos. De hecho, esto es lo que esencialmente debemos hacer todos los días para prepararnos para nuestra gran boda celestial.

De aquí a once días, me levantaré temprano. Leeré mi Biblia. Recordaré cuánto me ama Dios y lo mucho que Cristo entregó por mí y para mí. Recordaré que Dios me ha elegido especialmente para ser parte de su novia; no porque yo fuera deseable, sino solo porque me ama. Y luego hablaré con Él. Rogaré por los novios y le pediré a Dios que sea benévolo con ellos en los años venideros. Pensaré en el día siguiente y le pediré a Dios que use a una persona con la que yo me encuentre para alentarme ese día. Y le pediré que me use a mí también para alentar a alguien más, y tener la oportunidad de pronunciar el nombre de Jesús con una gran sonrisa en mi rostro.

¿Y sabes qué? Estoy bastante segura de que responderá.

9. DE NOVIO O CASADO
¿ESTO ES NORMAL O HE COMETIDO UN GRAN ERROR?

A pesar de que nunca me he casado, estoy acostumbrada a dar consejos matrimoniales.

En esta etapa de la vida, tiendes a ser invitada a muchas bodas y, a menudo, también a la "boda previa". Llámalo como quieras: despedidas de soltera/o, fiesta para chicas, noche entre muchachos; todos son nombres para la celebración en honor de la gran celebración.

Una cosa que marca la diferencia entre las despedidas de soltero del novio y de la novia es que, al menos en mi experiencia, a los futuros invitados de la novia se les pide invariablemente que proporcionen un consejo de matrimonio para un lindo álbum o algún juego.

Como muchas veces fui sorprendida sin estar preparada, he encontrado un buen consejo de matrimonio para tener a mano. Lo comparto cuando se me invita en cualquier ocasión y, otras veces, cuando nadie me invita. (Tal vez me invitarían más si no fuera así). Es este:

Recuerda que hay más de una forma de cargar un lavavajillas.

Leí esta frase en un periódico una vez y parecía tener sentido, así que se la he repetido a otros. He tomado el mismo enfoque para escribir este capítulo.

He escuchado lo que me han contado sobre el matrimonio y las relaciones amorosas, y repito lo que parezca bíblico, útil y sabio. Pero admito que mucho de esto está más allá de los límites de mi propia experiencia. La última vez que sentí que mi corazón latía, mi estómago se revolvía y mis rodillas se debilitaban fue el lunes pasado en la clase de *spinning*.

Me gusta el consejo del lavavajillas, porque los lavavajillas mal cargados son una de mis mayores frustraciones en la vida; y si alguna vez me caso, imagino que podría convertirse rápidamente en una fuente de conflictos. El principio funciona a nivel literal, pero también a nivel metafórico. Cuando dos personas construyen una vida juntos, rápidamente descubren que hay más de una forma de hacer la mayoría de las cosas. Y, por lo general, cada uno tiene una forma diferente. Casi todas las parejas tienen que aprender a dar y a ceder en el compromiso.

Las relaciones son tan maravillosamente diversas como las diferentes personas que las forman. Eso significa que las reglas estrictas de un libro no son particularmente útiles. Al igual que con el lavavajillas, hay más de una forma de hacer citas, y hay más de una forma de casarse.

Dicho esto, cuando se trata del lavavajillas, hay algunas advertencias. Mi amiga Elena me dijo que mi consejo era, de hecho, estúpido y equivocado, porque "Juan pone los recipientes en el lavavajillas boca arriba, por lo que se llenan de agua espumosa. Eso no está bien. Eso está mal". Del mismo modo, las Escrituras nos dan algunas advertencias cuando se trata de nuestras relaciones. Pero en general, da principios, y cómo funcionan en la práctica es bastante flexible.

MÁS ALLÁ DE "EL AMOR ES PACIENTE Y BONDADOSO"

Imagino que sería difícil encontrar un cónyuge que nunca haya mirado su matrimonio y haya pensado: *¿Esto era? Pensé que nos iría mejor o que sería más fácil.* La realidad no siempre coincide con las expectativas.

Cuando se trata de elegir una lectura para su boda, la mayoría de las parejas recitan algo tierno, como 1 Corintios 13. Pero después de unos meses o años de matrimonio, tal vez las cosas parezcan ser menos pacientes y bondadosas, y más como estas palabras de Santiago 4:

> *¿De dónde surgen las guerras y los conflictos entre ustedes? ¿No es precisamente de las pasiones que luchan dentro de ustedes mismos? Desean algo y no lo consiguen. Matan y sienten envidia, y no pueden obtener lo que quieren. Riñen y se hacen la guerra. No tienen, porque no piden. Y, cuando piden, no reciben porque piden con malas intenciones, para satisfacer sus propias pasiones (Santiago 4:1-3).*

Está bien, eso es extremo. De hecho, cuando Santiago se refiere a "matar", lo hace de manera metafórica. (Aunque este parece un momento adecuado para mencionar que el abuso doméstico es real, y si esa es tu situación, ignora este capítulo, pon fuera de peligro tu vida y la de tus dependientes, y consigue ayuda). Pero me gustó mucho la honestidad de una amiga cuando admitió:

> *Antes de casarme, nunca había estado tan enojada como para no poder hablar. Pero eso es lo que me sucedió en la luna de miel. Mi esposo dijo algo que me hizo enojar tanto que no pude decir nada. Luego él terminó llorando, porque podía ver lo molesta que yo estaba. Fue un desastre.*

En realidad, Santiago aquí habla con una comunidad de la iglesia, no con una pareja, pero se aplican los mismos principios. Entonces, ¿cómo responderías a la pregunta de Santiago? ¿Qué causa peleas y disputas (y desacuerdos fuertemente expresados, y comentarios resentidos y el uso del tratamiento silencioso) en tu matrimonio?

Probablemente, tu instinto sea señalar a otra persona como el problema, es decir, a tu cónyuge (o a tus suegros). Pero Santiago le atribuye la responsabilidad del conflicto a otra cosa: viene "de las pasiones que luchan dentro de ustedes mismos". Como dice Sam Allberry: "El conflicto se produce, porque nuestros propios deseos egoístas no se están cumpliendo" (*James For You*, p. 106).

Por lo tanto, no podemos desarrollar ninguna relación tratando de arreglar a la otra persona o intentado cambiar nuestras circunstancias, porque esa no es la causa principal de nuestros problemas. Necesitamos primero, examinar nuestros propios corazones...

CUANDO TE SORPRENDEN EN LA CAMA EQUIVOCADA

En los próximos versículos, Santiago cambia el rumbo y comienza a hablar sobre una "pareja" diferente:

> *¡Oh gente adúltera! ¿No saben que la amistad con el mundo es enemistad con Dios? Si alguien quiere ser amigo del mundo se vuelve enemigo de Dios. ¿O creen que la Escritura dice en vano que Dios ama celosamente al espíritu que hizo morar en nosotros? (vv. 4-5).*

A lo largo de la Biblia, Dios habla sobre su relación con su pueblo en términos de matrimonio. De hecho, esa es la razón por la cual, para todos los momentos de presión, el matrimonio es genial. Ha sido diseñado como una foto instantánea de algo asombroso: la relación entre Cristo y su Iglesia (Efesios 5:25-32). Si la imagen panorámica es la de Jesús y su pueblo, tiene sentido que incluso la imagen en miniatura del matrimonio terrenal sea, en general, muy buena.

Pero para los lectores de Santiago, hay un problema: Dios los ha sorprendido en la cama con el mundo. Abrazar los valores del mundo, esa actitud que rechaza la autoridad de Dios y finalmente se pone a sí mismo primero, es engañar a Dios. No podemos estar comprometidos de todo corazón a amarlo mientras, al mismo tiempo, amamos al mundo. A menudo, estar casados nos muestra cuánto amamos lo que queremos y de qué manera tan natural vivimos para nosotros mismos.

Santiago describe a Dios como un esposo que está debidamente enojado por la infidelidad de su esposa. Sin embargo, a pesar de nuestra traición, desea que regresemos. Él "nos anhela celosamente".

Entonces, ¿qué hace? *Nosotros* somos espiritualmente adúlteros...

Pero él da mayor gracia. Por esto dice: Dios resiste a los soberbios,
y da gracia a los humildes (Santiago 4:6, RVR-60).

Frente a nuestro egoísmo, Dios nos da mayor gracia. A pesar de nuestro pecado, Dios nos da mayor gracia. Cuando corremos hacia cualquier cosa menos al Dador de todas las cosas buenas, Dios nos da mayor gracia. Sigue dándonos otras segundas oportunidades, más dones generosos, más de su Espíritu para ayudarnos a seguir adelante. Él no se da por vencido ni cede, nos da mayor gracia.

Esto, en cinco palabras, es el evangelio: "Pero él da mayor gracia". Estas palabras definen tu relación con tu Padre celestial hoy. Y estas palabras pueden y deben definir tu matrimonio.

¿Cómo? Aquí hay seis puntos para comenzar:

1. PERDONA RÁPIDAMENTE

"El amor es solo un sentimiento", cantaba una oscura banda británica de rock en los años 2000. Pero la Biblia dice que el amor es más que un sentimiento, es una decisión. Es algo que alguien elige expresar. Y eso es bueno, porque significa que cuando Dios mira lo que le desagrada en nosotros, elige amarnos y perdonarnos de todos modos. Él nos da mayor gracia.

Cuando miras a tu cónyuge, eso es lo que esa persona también necesita, incluso en esos momentos en los que no "sientes" amarlo, porque francamente, no ha sido muy fácil de amar.

Muy a menudo, queremos ganar el argumento por el simple hecho de hacerlo. U obstinadamente, establecemos nuestra tienda de campaña en el terreno moral alto y nos sentamos temblando en la cima de la montaña, mientras miramos con desdén a la persona que está abajo. O nos aferramos a un rencor, listos para recordar un error pasado la próxima vez que necesitemos probar un punto o ganar una disputa.

Pero Dios da mayor gracia, y nosotros también debemos hacerlo. Sé rápido para decir "te perdono" cuando sea necesario. Sé rápido para decir "lo siento" cada vez que lo necesites. Ninguna de esas dos frases es fácil de decir o expresar, pero ambas son necesarias cuando dos pecadores viven juntos. Si recordamos cuánto y con qué frecuencia Dios nos da mayor gracia, podremos demostrar gracia a los demás.

2. DÉJATE HUMILLAR

Cuando hablo con las personas sobre sus matrimonios, surge un tema en común: estar casado es una experiencia humillante. Aparentemente, traer el pecado de otra persona a la mezcla de nuestra tierra revuelve la maceta para que el tuyo salga a la superficie de manera más obvia.

Pero cuando eso sucede, estás justo donde Dios quiere que estés. "Dios se opone a los orgullosos", aquellos que piensan que están bien, pero "da gracia a los humildes" (Santiago 4:6), aquellos que reconocen que su corazón es un desastre. Así que deja que el matrimonio te humille. No intentes pasar por alto los problemas ni pienses que, si te esfuerzas un poco más, todo estará bien. Si necesitas buscar ayuda externa para tu matrimonio, eso no es una señal de fracaso, sino de humildad. Cuando te sientes débil, Dios te muestra favor.

Una de las formas en que Dios nos muestra su favor es haciéndonos más como Cristo. Y, al fin y al cabo, lo mejor que puedes hacer por tu cónyuge es buscar cada día ser más como Jesús. Cuanto más eres como Jesús, mejor será tu matrimonio. Y ese cambio comienza cuando reconoces que lo necesitas y le pides a Dios que actúe.

3. RECUERDA QUIÉN ES TU CÓNYUGE

Santiago nos dice que somos pecadores egoístas que estamos enamorados del mundo, y que la única razón por la que aún estamos en este asunto con Dios es porque Él es increíblemente misericordioso.

Lo mismo sucede con tu esposo o con tu esposa si es cristiano. Un anciano que conozco da este consejo a los hombres casados (aunque el principio funciona en ambos sentidos):

Todos los días, cuando te despiertes, mira a tu esposa y dite a ti mismo: "Ella es una pecadora salvada. No va a ser perfecta hoy. Pero eso no ha impedido que Dios la salve, ni debe impedir que yo la ame".

Ningún matrimonio es perfecto, por mucho que lo aparenten un domingo en la iglesia. Cada matrimonio tiene remordimientos, angustias y pecados que no ves desde el exterior. Por lo tanto, no pienses que tu matrimonio no funciona o no vale la pena porque estás luchando contra el pecado o las cosas han salido mal. Dios aún puede ser misericordioso. Sí, ustedes son pecadores, pero en Cristo, son salvos.

4. SÉ POSITIVAMENTE REALISTA EN CUANTO AL SEXO

La Biblia habla sobre el sexo positivamente y sin disculparse. Es el medio dado por Dios que une al esposo y la esposa como "una sola carne", espiritual, emocional y físicamente. (O, según las palabras de una banda británica considerablemente menos oscura de hace unas décadas, es como "dos se convierten en uno").

Tim Chester lo describe de esta manera:

> *El buen sexo no se trata de la calidad de la técnica, sino de la calidad de la relación. El sexo no es una "cosa" que haces. Está inextricablemente incrustado en una relación. Su propósito es celebrar y cimentar esa relación (Gospel Centered Marriage, p. 84. Publicado en español por Poiema Publicaciones con el título El matrimonio centrado en el evangelio).*

Pero ¿por qué algo tan bueno se convierte en un área de tanta lucha para tantas parejas? Una amiga lo dijo así:

> *Cuando me casé, descubrí que había asimilado más de la visión de nuestra cultura sobre el sexo de lo que me había dado cuenta. La cultura dice que el sexo es siempre e inmediatamente fácil, fluido y placentero. Pero no lo es. Y luego te surge esta pregunta: "¿Cómo se supone que debo amar en esta situación? ¿Eso es realmente raro e incómodo? ¿Cómo manejas estos niveles de placer que no*

coinciden?". Definitivamente ha mejorado, pero el sexo sigue siendo un trabajo duro. Tampoco sucede por sí solo, tienes que programarlo.

Y si ha sido un día estresante en el trabajo y todo lo demás, entonces... Bueno, sí, es pasable.

No ha estado casada por mucho tiempo, pero creo que está haciendo la pregunta correcta: "¿Cómo se supone que debo amar en esta situación?".

Cuando se trata de sexo, la gracia y la humildad se manifiestan sirviendo a tu cónyuge, incluso cuando realmente no tengas ganas. Se trata de poder disfrutar dando placer. Ambos pueden ser lo suficientemente humildes como para reconocer que está bien si resulta que no eres un Casanova del siglo XXI. Y parecen ser lo suficientemente humildes como para hablar abiertamente sobre el sexo y preguntar qué podrían hacer para que sea una mejor experiencia para los dos.

5. ORA

Dios "muestra favor a los humildes", y una de las formas en que expresamos humildad es orando. Un cónyuge humilde se pone de rodillas ante Dios y admite que no tiene lo que debe tener para ser el esposo o la esposa que debería ser, ni para hacer de su matrimonio un reflejo correcto de la imagen de Cristo y su Iglesia.

Así que ora por ti mismo y por tu cónyuge. Es casi imposible orar demasiado. Un amigo lo dijo así: "Si estás enfadado, ora por ella. Si han tenido un lindo día juntos, ora por ella. Si ella está pasando dificultades, no intentes arreglarlo; ora por ella". La maravillosa promesa de Santiago 4:6 es que Dios muestra favor a aquellos que admiten que lo necesitan.

6. SIMPLEMENTE DISFRÚTALO

¿Puedo decir que en ocasiones es posible tomar el matrimonio demasiado en serio? Algunas personas parecen estar tan concentradas en lograr que el matrimonio sea "perfecto", que se olvidan de apreciarlo por lo que es: un gran regalo de un Padre bondadoso.

Una forma de mostrar gratitud por un regalo es simplemente disfrutarlo. ¡Así que diviértanse! Ríanse juntos, hagan locuras, vayan a explorar. Todos estos pequeños momentos de amor e intimidad son una imagen de Cristo y la Iglesia. Saboreen los momentos cotidianos cuando están juntos, la alegría que les produce, simplemente, estar cerca el uno del otro. Deléitense con los 101 quehaceres diarios y agradézcanle a Dios por ellos.

EL MISTERIOSO MUNDO DEL NOVIAZGO

En ocasiones, el matrimonio es un poco complicado (y, en algunos casos, por demasiado tiempo). Pero todavía es algo genial. Esto significa que es bueno procurar casarse. Después de todo: "El que halla esposa halla algo bueno" (Proverbios 18:22, LBLA. Y viceversa, ¡por supuesto!).

Sin embargo, los matrimonios no se materializan de la nada. Primero tienes que navegar la misteriosa dimensión desconocida previa, comúnmente denominada: noviazgo. Para algunos, es un viaje directo de A a B; para otros, es una mezcla circular de emociones confusas y de falsos comienzos. De cualquier manera, no hay un mapa incluido.

Pero esa dimensión misteriosa solo debe ser un medio para un fin. En nuestra cultura cristiana occidental del siglo XXI, es la forma en que dos personas determinan si deben o no casarse.

El tiempo que dure depende de las personas involucradas; pero las relaciones de noviazgo solo deben continuar durante el tiempo que sea necesario para alcanzar la claridad sobre esa pregunta crucial (con tanta certeza como sea humanamente posible, lo cual, para algunos de nosotros, nunca es tanto como nos gustaría). Después de eso, es hora de ponerse un anillo o de abandonar la relación. Ambos resultados pueden considerarse un éxito si la relación logró lo que debía: claridad.

Esto hace que las apuestas sean muy altas. Con quién nos casemos, o con quién no nos casemos, es una de las decisiones más importantes que tomaremos. Es probable que, literalmente, vivamos con las consecuencias por los próximos cincuenta años. ¡Ese es un panorama un poco aterrador! ¿Cómo hacemos para hacer esto bien?

Tomemos esos mismos versículos de Santiago 4 y apliquémoslos a los noviazgos cristianos en la era de Tinder.

1. TEN EN CLARO LO QUE ESTÁS BUSCANDO

Este primer punto debería ser obvio: no te acuestes con el mundo. Ni metafóricamente, ni literalmente.

Santiago suena demasiado crudo cuando dice que una persona que no es cristiana es "un enemigo de Dios" (Santiago 4:4)... incluso aquella que parece la indicada. Eso significa que las personas no cristianas que conocemos necesitan de nuestro amor y compasión. Está bien comprometernos a ser sus amigos e intentar compartir el evangelio con ellos.

Pero el matrimonio es algo mucho más íntimo. ¿Por qué arriesgarías tu vida con alguien que está en guerra con la persona que más amas? No te pongas en la situación de elegir entre que te rompan el corazón o negociar tu vida espiritual. Por lo general, estas relaciones tampoco salen de la nada. Si intercambiar esos mensajes divertidos por WhatsApp o tomarse unas cuantas bebidas juntos después del trabajo alimenta tus sentimientos, entonces ya no lo hagas.

Cuando se trata del matrimonio, debes estar casado con alguien que ama a Jesús, o con nadie. Pero esa segunda opción no es la segunda mejor. La soltería no es un problema que necesita arreglo. (Acabo de pasar un capítulo entero tratando de convencerte de eso).

Bien, bien, ya basta de despotricar —podrías estar pensando—. *Solo saldré con alguien cristiano. Pero el problema es... ¿cuál cristiano? ¿Debo salir con "este" cristiano?* Escuchas a algunas personas decir cosas como: "Si no está casado, no es tu pariente y no es incrédulo, ¡adelante!", lo cual está bien, pero... ¿te tiene que gustar?, ¿o tienes que sentir algún tipo de atracción por él o ella? ¿Y qué significa eso? ¿Qué se supone que debes sentir y cuándo?

Una persona que conozco lo expresó de esta manera:

> *Si te vas a casar con alguien, creo que tienen que estar entusiasmados con la posibilidad de vivir para Cristo como una pareja casada y ayudarse mutuamente a ser más como Él. Y parte de vivir para Cristo como una pareja casada (aunque solo es parte) es la intimidad física.*

Creo que eso parece sabio, y significa dos cosas.

Primero, que cuando pensamos en el matrimonio, la mejor pregunta no es simplemente: "¿Es esta persona cristiana?", sino "¿es alguien que puede ayudarme a vivir para Cristo y a quien yo también puedo ayudar a vivir para Cristo?". Cuando salgas con alguien, vale la pena volver a esa pregunta de manera regular y honesta.

En segundo lugar, significa que antes de casarse debe haber alguna atracción hacia la intimidad física. Pero todos estamos diseñados de manera diferente, y para algunas personas ese tipo de atracción a veces solo se puede fomentar con el tiempo. Por eso el noviazgo.

Todo esto es particularmente importante recordarlo en cuanto al mundo de las citas en línea, donde lo que realmente sabemos sobre una persona es casi cero. Si conoces a alguien en la iglesia, puedes estar bastante seguro de que estarás en la misma página teológica. O si tienen amigos en común, puedes confiar en el juicio de ellos sobre el carácter de esta persona. Pero como las citas en línea amplían considerablemente las posibilidades, debemos ser más cuidadosos y más deliberados al determinar si se trata de alguien con quien podremos estar felices de vivir para Cristo en matrimonio.

2. SÉ HUMILDE; CORRE EL RIESGO
Si "Dios se opone a los orgullosos, pero da gracia a los humildes", ¿qué significa eso en cuanto al noviazgo?

Algunas veces el orgullo se refleja en nunca estar listo para correr el riesgo de pedirle a alguien que salga contigo o procurar una relación, porque no puedes soportar el pensamiento de ser rechazado o de que las cosas salgan mal. El orgullo se asemeja a nunca estar preparado para darle la oportunidad a alguien consagrado a Dios, pero que es un poquito diferente que tú, porque te preocupa demasiado lo que piensen los demás. El orgullo espera una posible fecha para obtener un puntaje de 10 en cada categoría (o al menos, un 8), porque eso es lo que te mereces.

Más que nada, el orgullo odia cualquier cosa incómoda, porque la incomodidad se siente débil y se ve mal. Y seamos sinceros: las citas pueden ser increíblemente incómodas. Un amigo recién casado me dijo:

Cuando pensamos en las primeras etapas de nuestro noviazgo, nos reímos de lo incómodo que fue. Solíamos dar paseos por el parque los domingos por la tarde para hablar... Hubo muchos momentos incómodos. Pero estoy muy contento de que hayamos perseverado y los hayamos superado.

La humildad, por otro lado, no teme verse o sentirse débil. La humildad crece cuando sabemos que tenemos un gran Dios que tiene el control de nuestras vidas, y cuando es su amor y aceptación lo que más nos importa. Esto significa que podemos arriesgarnos, sabiendo que, si las cosas no funcionan, todo estará bien. La humildad no coquetea con una persona solo para alimentar tu ego ni seduce a alguien, aunque no estés seguro. Más bien, la humildad significa que eres honesto y abierto sobre hacia dónde van las cosas y qué tan rápido, porque no estás tratando de verte bien.

3. SÉ HUMILDE; BUSCA CONSEJO

Si piensas que no necesitas tener a nadie a quien rendirle cuentas, probablemente estés sobrevaluando seriamente tu propia devoción.

Si un amigo cristiano cuestiona la manera en la que te conduces con alguien del sexo opuesto, sé lo suficientemente humilde como para considerar con seriedad sus palabras. ¿Hay verdad, al menos un elemento de verdad, en lo que están diciendo?

Un área en la que se nos ofrecen muchos consejos es sobre "qué tan lejos es demasiado lejos". No voy a agregar nada más, pero voy a decir que necesitamos escuchar a los que son mayores y más sabios que nosotros, incluso cuando no parece tener mucho sentido. Una actitud humilde dice: "Puede que no me guste lo que dices o no esté de acuerdo con eso; pero estoy dispuesto a aceptar que tal vez sepas algo que yo no sé".

La humildad no solo acepta consejos, sino que los busca. Si estás saliendo con alguien y estás tratando de decidir si casarte con esa persona, en algún momento probablemente sea razonable buscar el consejo de tus padres (y tal vez de algunos "padres espirituales" de tu propia iglesia). Esa no es una conversación que comienza con: "Mamá, papá, ¿no es genial?". Se parece más a: "Mamá, papá, ¿qué piensan realmente? Quiero que sean honestos y estoy listo para escuchar".

4. ABRAZA LA GRACIA

A veces, en el misterioso mundo del noviazgo, los cristianos cometen errores, ya sea en cuanto a mantener la pureza sexual o en cuidar el corazón de la otra persona. Nunca se deben justificar. Pero siempre se pueden perdonar. Aun si hacemos un desastre, Dios nos "da mayor gracia" (Santiago 4:6). Nada de lo que hayas hecho te coloca fuera del alcance de su perdón. Cometer un error no necesariamente significa que deban terminar con la relación, pero sí significa que deben seguir un camino mejor. Si no están realmente comprometidos con la santidad del otro, no están verdaderamente comprometidos entre ustedes para nada.

De una forma u otra, necesitaremos gracia a medida que cualquier relación continúe.

Y si no continúa, también necesitaremos gracia; gracia para recordar que esa persona es nuestro hermano o hermana antes de ser nuestro ex. Eso no siempre es fácil, pero siempre es posible, y siempre es preferible que aferrarse a las heridas.

5. ORA

Si no estás casado, pero te gustaría estarlo, ora al respecto. Después de todo, Santiago dice: "No tienen, porque no piden" (Santiago 4:2). Ese tipo de lógica hace que mis sentidos teológicos tiemblen, pero está ahí en las Escrituras. Hay lugar para simplemente pedirle a Dios que te conceda un esposo o esposa que esté consagrado a Él. Dios es un padre generoso.

Pero recuerda que esto es posible:

Y, cuando piden, no reciben porque piden con malas intenciones, para satisfacer sus propias pasiones (v. 3).

No pidas solo por tu matrimonio; pide por tus intenciones. Pídele a Dios que te muestre cuando tus pensamientos se hunden en el temor, el orgullo o el egoísmo, y cómo esto influye al tratar a tus hermanos y hermanas, o al pensar en tu futuro. Ora para que llegues a desear ponerte de novio y casarte con alguien, por las razones correctas.

6. SIMPLEMENTE DISFRÚTALO

Al igual que el matrimonio, es posible tomarse el noviazgo demasiado en serio. Algunos chicos parecen darle la misma importancia a pedirle a una chica que vaya a tomar un café, que a pedirle su mano en matrimonio. Eso significa que no tienen citas, porque nunca están muy seguros; y nunca están tan seguros, porque no van a ninguna cita.

A veces, solo necesitamos relajarnos. Después de todo, hay alegría en conocer a alguien. Si cada vez que ves a alguien, tu objetivo es amarlo como lo haría Jesús y reflejarlo a Él, no hay mucho lugar a equivocarte.

SOBRE LA GRACIA Y LOS LAVAVAJILLAS

Pero él da mayor gracia. Por esto dice: Dios resiste a los soberbios, y da gracia a los humildes (Santiago 4:6, RVR-60).

"MI CONSEJO MATRIMONIAL: RECUERDA QUE HAY MÁS DE UNA FORMA DE CARGAR UN LAVAVAJILLAS".

#YESTOESTODO

Es un gran versículo: dos oraciones que contienen una relación digna de ayuda y consejo. Aun así, en general, la próxima vez que me pidan que le dé un consejo a una pareja, creo que me quedaré con:

Recuerda que hay más de una forma de cargar un lavavajillas.

10. ME ESTOY PONIENDO VIEJO
CREO QUE AL FINAL UN DÍA ME VOY A MORIR

Mi tema son las canas. Las busco, las escondo, me las arranco y luego me doy por vencida. Uno de estos días tendré que comenzar a teñírmelas (pero estoy tratando de posponer eso el mayor tiempo posible porque, ya sabes... *lleva esfuerzo*). Todo esto me pone triste, porque me gusta mi cabello. Es largo, color café, enrulado y con mucho brillo... pero cada vez más lleno de canas.

Eso es lo que me hace sentir vieja, y lo detesto.

¿Y a ti qué te sucede?

Tal vez sea que has perdido tanto el deseo como la capacidad de quedarte despierto después de la medianoche. O descubrir que la música pop ya no es lo que solía ser. O tu desconcierto y confusión en cuanto al "idioma juvenil" que usan los adolescentes para comunicarse hoy.

Quizá tenga algo que ver con tu cuerpo. Llega un "punto de inflexión" donde dejamos de crecer y de volvernos más fuertes con cada cumpleaños. Ahora solo estamos... envejeciendo. Tal vez sean esas entradas en tu cabello que se están volviendo cada vez más profundas. O una punzada de dolor en la zona lumbar. O la receta de tus anteojos que está aumentando a mayor velocidad que tu propia edad. O tal vez todo esto suene increíblemente trivial, porque enfrentas problemas serios de salud a los veinte años.

Cuando nos sentimos viejos, la mayoría de nosotros lidiamos con ello mediante alguna de las siguientes opciones:

1. Lamentarnos y decir: "¡Estoy muuuy viejo!", con una sensación de desesperación.

2. Callarnos, tratar de olvidarlo y esperar que nadie se dé cuenta de cualquier señal reveladora que estemos tratando de ignorar (o al menos, si lo notan, que no lo mencionen).

3. Redoblar nuestros esfuerzos en cuanto a rutinas de salud y a estar en forma.

4. Consolarnos con un tarro de helado, unas cervezas y/o con que, al menos, no somos tan viejos como alguien más.

(Tranquilo, hay una opción más que veremos más adelante).

Ya sea que tengas o no una relación tensa con el envejecimiento, es justo decir que nuestra cultura definitivamente la tiene. La mayoría de las personas están desesperadas por negarlo o retrasarlo, y hay una industria de belleza de 675 mil millones de dólares que lo comprueba. Nuestras pantallas de televisión y columnas de entretenimiento de periódicos están llenas de personas jóvenes y hermosas. Supongo que nadie quiere que se le recuerde la realidad de que la mayoría de nosotros no somos ni jóvenes ni hermosos, y que ninguno de nosotros seremos ambas cosas por mucho tiempo.

Nada de esto es demasiado constructivo, y tú lo sabes. Buzzfeed también lo sabe. A continuación, veremos algunos consejos de un artículo titulado: "15 Things You Need To Stop Doing During Your Quarter-Life Crisis" [15 cosas que necesitas dejar de hacer durante tu crisis del cuarto de vida]:

DEJA de pensar en que te estás acercando cada vez más a la muerte, a la osteoporosis y a morir solo. Decir repetidamente: "Estoy muy viejo" no te hará sentir mejor. Además, hace que las personas que son mayores que tú quieran darte una cachetada.

En cierto sentido, Buzzfeed tiene razón al recordarnos que, en realidad, no somos tan viejos y que sería prudente aprovechar al máximo nuestra energía (relativamente) juvenil. Pero, en otro sentido, el consejo de Buzzfeed no es para nada bueno. ¿Qué persona ha dejado de pensar en algo tratando de dejar de pensar en eso? Además, si algo va a suceder inevitablemente, es probable que *valga la pena* pensarlo.

Por lo tanto, eso es lo que vamos a hacer, porque solo confrontando la verdad podemos remplazar nuestro sentido de desesperación por un sentido de perspectiva.

Cuando nos miramos al espejo y tenemos esa sensación de zozobra, necesitamos que alguien metafóricamente nos sacuda por los hombros y nos diga lo que necesitamos escuchar. Y esa persona eres tú.

La próxima vez que te sientas viejo, aquí hay tres cosas que te debes recordar.

1. NO ESTOY ENVEJECIENDO, ESTOY MURIENDO (LO SÉ, YA NO TIENES GANAS DE SEGUIR LEYENDO, PERO TE PROMETO QUE SE PONE MEJOR)

Esa declaración no es un lugar muy optimista para comenzar un discurso motivacional.

Es contundente. Es incómoda. Incluso puedes sentirte un poco ofendido al ver la realidad de tu propia mortalidad expuesta de esa manera en una página. Si es así, me parece justo, aquí está el porqué.

El envejecimiento nos recuerda que el tiempo se acaba. La realidad es que no tengo toda mi vida por delante; en el mejor de los casos, el veinte por ciento está detrás de mí (y quién sabe, tal vez el noventa y nueve por ciento lo esté). Cada vez que veo una cana, veo un reloj cuyas manecillas giran a una velocidad alarmante. Me recuerda que hay cosas que quiero hacer y lugares a los que quiero ir, que probablemente nunca visitaré.

Algunos de estos deseos para nuestras vidas son buenos, dados por Dios, como el deseo de ver a las personas que amamos venir a la fe, o casarnos y formar una familia. El reloj biológico es real, y para muchas personas, especialmente para las mujeres, comienza a cobrar más fuerza durante los veinte. Mi amiga Laura dijo que su "crisis del cuarto de vida" estuvo marcada por una profunda sensación de pérdida, ya que lamentaba cosas que nunca había tenido y que tal vez nunca tendría.

Sospecho que la mayoría de nosotros también le tememos a la vejez. Ciertamente el panorama es poco alentador: mala salud, cansancio, indignidad, soledad. Es fácil comenzar a pensar que cada cana que me veo en el espejo me acerca más al aspecto que tendré cuando sea vieja y esté sola en un hogar de ancianos... y cuando esté muerta en un ataúd.

El envejecimiento es un síntoma de la condición terminal de la que todos padecemos: la mortalidad. No solo estamos envejeciendo; estamos muriendo. Y la muerte es horrible. Es así como Moisés (casi) lo pinta en el Salmo 90:

> SEÑOR, *tú has sido nuestro refugio*
> *generación tras generación.*
> *Desde antes que nacieran los montes*
> *y que crearas la tierra y el mundo,*
> *desde los tiempos antiguos*
> *y hasta los tiempos postreros,*
> *tú eres Dios.*
> *Tú haces que los hombres vuelvan al polvo,*
> *cuando dices: «¡Vuélvanse al polvo, mortales!»*
> *Mil años, para ti, son como el día de ayer, que ya pasó;*
> *son como unas cuantas horas de la noche.*
> *Arrasas a los mortales. Son como un sueño.*
> *Nacen por la mañana, como la hierba*
> *que al amanecer brota lozana*
> *y por la noche ya está marchita y seca (Salmo 90:1-6).*

Tenemos razón al sentir que la vida es corta, porque lo es. Aunque Dios existe "desde los tiempos antiguos y hasta los tiempos postreros" (v. 2), nosotros no. Moisés nos recuerda que toda nuestra vida, incluyendo nuestros logros y victorias, son como un día en el milenio de Dios. Somos como la hierba: somos muchísimos, nuestra existencia es breve, y no hay demasiado que podamos hacer al respecto. Somos impotentes hojas de hierba, temblando delante de una cortadora de césped llamada Tiempo.

Algunos de nosotros hemos experimentado esta realidad de una manera dolorosamente personal. "Creo que el momento crucial para mí en mis veintitantos fue cuando murió el padre de mi amigo —me dijo Mateo—. Fue horrible. Me di cuenta de que no había nada que pudiera hacer para que fuera menos doloroso; nada que pudiera hacer para que sea menos triste. Me sentí impotente". La muerte es un problema que no podemos resolver, ni para los demás ni para nosotros mismos:

> *se esfuman nuestros años como un suspiro.*
> *Algunos llegamos hasta los setenta años,*
> *quizás alcancemos hasta los ochenta,*
> *si las fuerzas nos acompañan.*
> *Tantos años de vida, sin embargo,*
> *solo traen pesadas cargas y calamidades:*
> *pronto pasan, y con ellos pasamos nosotros (vv. 9b-10).*

Muy triste y miserable. Pero no te pierdas el *porqué*:

> *Tu ira en verdad nos consume,*
> *tu indignación nos aterra.*
> *Ante ti has puesto nuestras iniquidades;*
> *a la luz de tu presencia, nuestros pecados secretos.*
> *Por causa de tu ira se nos va la vida entera;*
> *se esfuman nuestros años como un suspiro.*
> *Algunos llegamos hasta los setenta años,*
> *quizás alcancemos hasta los ochenta,*
> *si las fuerzas nos acompañan.*
> *Tantos años de vida, sin embargo,*
> *solo traen pesadas cargas y calamidades:*
> *pronto pasan, y con ellos pasamos nosotros.*

¿Quién puede comprender el furor de tu enojo?
¡Tu ira es tan grande como el temor que se te debe! (vv. 7-11).

Nuestros problemas y angustias nos muestran que no todo está bien entre el mundo y su Creador, y nuestra propia muerte es la expresión final de la ira de Dios: su ira justa y justificada por nuestro pecado. Si pienso que Dios me juzga según mi comportamiento externo y público que otras personas pueden ver, resulta tentador pensar que Dios es injusto por estar tan enojado conmigo (aunque hay personas que me conocen y discrepan sobre tal afirmación). Pero la realidad aterradora es que Dios ve y expone incluso los "pecados secretos", no hay nada que realmente yo piense en privado, ni algo que haga realmente sola.

Imagina todas esas cosas sobre ti que sientes alivio de que nadie más sepa. Cosas que has hecho que te alegra que los muchachos del trabajo y tus amigos de la iglesia no tengan idea. Las cosas que has pensado que odiarías que cualquiera descubriera. Y detrás de todo eso, está la actitud, la actitud que le dice a Dios que no quieres que Él sea tu amo, y que estarías mejor dirigiendo tu vida sin Él. Dios lo ve todo y está enojado.

Envejecer es un síntoma de morir, y morir es un síntoma de rechazar a Aquel que da vida.

Si tu mortalidad te entristece, está bien, debería entristecerte. Pero no porque signifique que te estás quedando sin tiempo para hacer todo lo que quieres hacer. De hecho, todo lo contrario. La mortalidad es triste porque muestra que tú, junto con todos los demás, han estado haciendo exactamente lo que querían hacer en todo momento. Y ahora te enfrentas a la muerte como resultado. Es desesperadamente, desesperadamente triste.

La respuesta correcta ante el envejecimiento no es negarlo ni tratar de retrasarlo, sino admitirlo. Eso es lo que hace Moisés:

Enséñanos a contar bien nuestros días,
para que nuestro corazón adquiera sabiduría (v. 12).

Él está diciendo: *Si realmente entendiéramos que estamos muriendo y que merecemos morir, comenzaríamos a abordar la vida con la actitud correcta.*

Por tanto, sigue el consejo de Moisés. Deja que envejecer te recuerde por qué estás envejeciendo. Permite que cada cana o cabello perdido te enseñe a "contar bien [tus] días". Que aumente tu temor a Dios y tu horror por el pecado. Recuerda que cuanto más tiempo vivas, y cuantas más arrugas acumules en tu rostro, más "pecados secretos" tendrás para arrepentirte; permite que los destellos del proceso de envejecimiento te lleven a confesarle a Dios la razón detrás de ello. No te lamentes de tu edad sin mirar hacia adentro para lamentarte de tu pecado y mirar hacia afuera para lamentarte por todas las consecuencias de un mundo quebrantado y en rebelión.

El envejecimiento debería entristecernos, porque el pecado es horrible. Cuando te sientas viejo, dite a ti mismo: *No solo estoy envejeciendo; estoy muriendo, porque el mundo está bajo la ira de Dios.*

2. ESTOY MURIENDO, PERO ESTOY VIVO

Pero esa no es la única cosa que deberías decirte. De hecho, si das vuelta tan solo a una página de tu Biblia al Salmo 92, encontrarás una imagen radicalmente diferente en cuanto a envejecer:

> *Como palmeras florecen los justos;*
> *como cedros del Líbano crecen.*
> *Plantados en la casa del SEÑOR,*
> *florecen en los atrios de nuestro Dios.*
> *Aun en su vejez, darán fruto;*
> *siempre estarán vigorosos y lozanos,*
> *para proclamar: «El SEÑOR es justo;*
> *él es mi Roca, y en él no hay injusticia» (Salmo 92:12-15).*

Mientras que Moisés nos comparaba con la hierba que se marchita, este escritor dice que es posible ser un árbol que florece. Suelo asociar las "palmeras" con el día en que me retire con un crucero de ensueño por el Caribe. Pero el salmista probablemente se imagine la altura y la fuerza de estos árboles. Cuando piensas en la palmera, el escritor quiere que pienses en algo regio, digno, estable, hermoso. Es posible ser todas esas cosas a medida que envejecemos.

Entonces, ¿qué hace la diferencia entre la hierba que se marchita y los árboles vivos? Estos árboles extraen sus nutrientes de raíces "plantadas en la casa del Señor" (v. 13). En el Antiguo Testamento, esto significaba el templo: el lugar que estaba lleno de la presencia de Dios y que era el punto focal de la relación de los israelitas con Él.

Los creyentes de hoy no tenemos un templo físico, pero todavía dependemos de vivir en la presencia de Dios para poder florecer. Esto es mucho más profundo que una crema facial que desafía la edad. Florecemos mientras habitamos en Él y Él habita en nosotros por su Espíritu; mientras extraemos su savia espiritual con nuestras raíces, dejamos que llene nuestro torrente sanguíneo y transforme nuestros corazones. Como lo dijo Jesús:

> *Yo soy la vid y ustedes son las ramas. El que permanece en mí, como yo en él, dará mucho fruto; separados de mí no pueden ustedes hacer nada (Juan 15:5).*

Haciendo eso "damos fruto" (Salmo 92:14). Frutos como el amor, el gozo, la paz, la paciencia, la benignidad, la bondad, la fe, la mansedumbre y la templanza. No hay límite de edad para producir esos frutos; de hecho, si estamos adecuadamente arraigados en Cristo, la cosecha se incrementará con el paso del tiempo.

Piénsalo de esta manera: cuanto más tiempo vivas, más oportunidades tendrás de experimentar que Dios es una "roca", que Él es "justo" y totalmente bueno (v. 15). No sé qué te sucederá en las próximas décadas; pero sí sé que podrás ver lo que sea que ocurra como prueba de que Dios es fiel. Y cuanto más claramente lo veas, con más confianza podrás proclamar esa verdad a los demás.

ENCUENTRA TU ENID

Una de las razones por las que tenemos miedo de envejecer es porque nuestra cultura occidental nos dice todos los días, de una y mil maneras, que la juventud es mejor. La Biblia disiente con eso: "Las canas son una honrosa corona que se obtiene en el camino de la justicia" (Proverbios 16:31). Ser un cristiano mayor significa (o debería significar) que eres un cristiano más sabio, con más experiencia en las pruebas y los triunfos de la vida y, por lo tanto, más capaz de alentar y aconsejar a los cristianos más jóvenes (Tito 2:3-5). En la iglesia, se supone que se vive "la edad antes que la belleza", lo que significa que aquellos de nosotros que somos más jóvenes podemos, y debemos, mirar a nuestros mayores no con lástima ni miedo, sino con respeto y amor.

Espero sinceramente que conozcas a una persona mayor que sea como los árboles del Salmo 92. Espero que haya una persona —o dos o seis— en una etapa de la vida por delante de ti, que cuando estés cerca de ella, te haga pensar: *Guau, realmente quiero ser como él/ella cuando sea mayor, porque verdaderamente es como Jesús.*

En mi caso, ella se llama Enid. Enid tiene 91 años y es parte de la iglesia en la que yo me crie. Ya parecía un poco vieja cuando yo era una niña que cantaba en el coro de la iglesia que ella dirigía. Ahora se ve todavía más anciana: sus pasos son cortos y lentos, su espalda está doblada, y las articulaciones de sus manos están hinchadas. Pero cada vez que visito la iglesia de mis padres y me arrodillo junto a su silla para saludarla, tomo esas manos torcidas y temblorosas en las mías y puedo ver que, en el interior, Enid es un cedro floreciente: alto, fuerte y fructífero. Ella siempre está encantada de verme y se interesa por cómo estoy. Habla de la vida con una sensación de alegría contagiosa. Y aunque el cuerpo envejecido de Enid le acarrea frustraciones, ella está ansiosa por el día en que se encuentre con Jesús en el cielo y esté libre de todo dolor.

Cuando sea mayor, realmente quiero ser como Enid.

Cuando pensamos en envejecer como una oportunidad para crecer, podemos esperarlo con anticipación en lugar de con temor. Piensa cuán lejos Dios te ha llevado ya, las formas en que ha trabajado en ti para que seas mejor, y cómo ha trabajado por medio de ti para el bien de los demás, y ten entusiasmo por todo lo que está por venir. Si eso es lo que Dios puede hacer contigo en un par de años o un par de décadas, ¿te imaginas lo que puede hacer contigo en los próximos sesenta años?

Por lo tanto, cada vez que te mires al espejo y sientas la tentación de desesperarte por lo que ves, deja que te impulse a orar. Ora para que los años que se añadan a tu vida agreguen también una mayor sabiduría. Pídele a Dios que te ayude a mirar, cuidar y anhelar ser como los creyentes piadosos de mayor edad que conoces. Da gracias porque "aunque por fuera nos vamos desgastando, por dentro nos vamos renovando día tras día" (2 Corintios 4:16). Luego pídele a Dios que te siga transformando, para que algún día estés "fresco y verde", aunque estés viejo y gris (Salmo 92:14).

3. ESTOY VIVIENDO, POR LO TANTO, ME ESTOY LEVANTANDO

Nuestras almas pueden ser de hoja perenne, y también hay esperanza para nuestros cuerpos que envejecen. Hay esperanza para las espaldas doloridas, las afecciones crónicas y los sueños que se desvanecen con el paso del tiempo. Esa esperanza reside en la promesa de una palabra: resurrección.

La ciudad griega de Corinto del primer siglo era un lugar juvenil y cosmopolita. Sus ciudadanos apreciaban los placeres físicos del sexo y la belleza. Pero en su carta para los cristianos de esa ciudad, el apóstol Pablo describe sus cuerpos (desde los locos por el gimnasio hasta las reinas de belleza) como simples semillas: pequeñas, secas, comunes... y muertas. Y eso es genial, porque una vez que consideras a tu cuerpo como una semilla, puedes emocionarte por lo que sucederá cuando estés enterrado en el suelo:

Así sucederá también con la resurrección de los muertos. Lo que se siembra en corrupción resucita en incorrupción; lo que se siembra en oprobio resucita en gloria; lo que se siembra en debilidad resucita en poder; se siembra un cuerpo natural, resucita un cuerpo espiritual. Si hay un cuerpo natural, también hay un cuerpo espiritual (1 Corintios 15:42-44).

Un día en el futuro, un día que Dios ya ha marcado en su calendario, cada uno recibirá un nuevo cuerpo que es incorruptible, glorioso, fuerte y, de alguna manera, "espiritual". Pero también será físico, y seremos resucitados para vivir en una nueva tierra física. No vamos a pasar la eternidad flotando como fantasmas en sábanas blancas. Estos nuevos cuerpos serán tan reales como lo son ahora nuestros cuerpos "naturales", y estarán cargados de vida, salud y fuerza.

Nuestros cuerpos ahora nos fallan y nos frustran; nuestros nuevos cuerpos no lo harán. El tiempo de estos cuerpos se está agotando rápidamente; el tiempo de nuestros nuevos cuerpos durará para siempre. En el día de la resurrección, no importará que nunca hayamos cumplido nuestro sueño de visitar Bali mientras estábamos en nuestro cuerpo natural. No importará que nunca hayamos tenido la familia que queríamos. Las sensaciones físicas de la vida en nuestros nuevos cuerpos eclipsarán cualquier experiencia que hayamos tenido, o nos hayamos perdido de vivir aquí.

Y mientras que el proceso de envejecimiento es gradual, de una arruga en la cara a la vez, la trasformación ocurrirá en un abrir y cerrar de ojos:

Fíjense bien en el misterio que les voy a revelar: No todos moriremos, pero todos seremos transformados, en un instante, en un abrir y cerrar de ojos, al toque final de la trompeta. Pues sonará la trompeta y los muertos resucitarán con un cuerpo incorruptible, y nosotros seremos transformados. Porque lo corruptible tiene que revestirse de lo incorruptible, y lo mortal, de inmortalidad. Cuando lo corruptible se revista de lo incorruptible, y lo mortal, de inmortalidad, entonces se cumplirá lo que está escrito: «La muerte ha sido devorada por la victoria» (vv. 51-54).

"CUANDO TE MIRES AL ESPEJO, MIRA MÁS ALLÁ DEL DÍA EN QUE TU CABELLO ESTÉ GRIS, HACIA EL DÍA EN QUE ESTÉ DORADO".

#YESTOESTODO

Entonces, cuando te mires al espejo, mira más allá del día en que tu cabello esté gris, hacia el día en que esté dorado.

Encuentro esto muy difícil, pero tal vez sea porque las canas son lo peor que tengo que enfrentar ahora. Es suficiente para incitar mi vanidad, pero rara vez es suficiente para hacerme anhelar la perspectiva de mi cuerpo de resurrección. El problema es que cuanto más cómoda estoy ahora, más quiero aferrarme a este momento en el tiempo. Sin embargo, puedo pensar en una cristiana que vive sus treinta años y que ha sufrido mucho y perdido mucho, incluso muchos de sus sueños. Pero como resultado espera con ansias la nueva creación. Ella habla de eso con un entusiasmo natural que me resulta difícil de comprender. Ella está...

> *emocionada [anhelando] el día en que podamos mirar hacia atrás e, influenciados no por fe sino por vista, digamos: '¡Pablo tenía razón! Nada, ni placer ni dolor en ese período momentáneo que tuve que atravesar antes de llegar aquí, puede compararse con estar en casa con mi Salvador, vivir en la plenitud de ser todo lo que Dios me creó para ser y disfrutar de su eterna presencia y gloria (Sarah Walton, Hope When It Hurts, p. 178. Publicado en español por Poiema Publicaciones con el título Esperanza en medio del dolor).*

Cada arranque de frustración que experimentamos actualmente con nuestros cuerpos, aunque esas frustraciones son mínimas para la mayoría que tiene veintitantos (aunque no para todos), es una oportunidad para fijar nuestros ojos en los nuevos cuerpos que tendremos un día. Comienza a envejecer con gracia ahora, y tendrás más posibilidades de envejecer con gracia en los años venideros; después de todo, es un problema de este cuarto de vida que no va a desaparecer.

Pero más que regocijarte ante la perspectiva de un nuevo cuerpo, regocíjate en Aquel que lo hace posible. Así concluye Pablo:

> *El aguijón de la muerte es el pecado, y el poder del pecado es la ley. ¡Pero gracias a Dios, que nos da la victoria por medio de nuestro Señor Jesucristo! (vv. 56-57).*

Por mucho que lo intentamos, siempre estamos perdiendo la lucha contra la edad; pero Cristo ha ganado la victoria contra el pecado. El momento de la muerte no tendrá aguijón, y nuestra existencia más allá de la muerte no tendrá dolor ni remordimientos, porque en la cruz Cristo ya ha experimentado el aguijón de la ira de Dios y el infierno por nosotros. En cambio, podemos disfrutar de la alegría perfecta, en cuerpos perfectos, en un mundo perfecto con nuestro Salvador perfecto, para siempre. ¡Gracias a Dios!

Y hasta ese día eres llamado a seguir "progresando siempre en la obra del Señor, consciente de que [tu] trabajo en el Señor no es en vano" (v. 58). Porque Él es un Salvador que te ha dado la vida eterna, vale la pena vivir de todo corazón para Él cada día que te reste de vida.

MÍRATE AL ESPEJO

Entonces, cuando te mires al espejo, o mires la cantidad de velas en tu pastel de cumpleaños, y te molestes con lo que ves, esto es lo que debes decirte a ti mismo. Si te ayuda, escríbelo y pégalo en algún lugar donde lo veas a menudo. De hecho, levántate ahora mismo, mírate al espejo y di lo siguiente:

"Estoy muriendo". Arrepiéntete y confiesa el pecado que hace que la muerte sea inevitable.

"Estoy viviendo". Pídele a Dios que te haga espiritualmente más fructífero a medida que vas envejeciendo.

"Me estoy levantando". Regocíjate dando gracias a Cristo por morir y resucitar para garantizarte un cuerpo resucitado.

Luego, una vez que hayas recordado todas esas cosas, es tiempo de dejar de mirarte al espejo y comenzar a hacer algo con tu día.

11. NO TIENE SENTIDO

¿CUÁL ES EL PROPÓSITO?

¡**f**elicitaciones! Si estás leyendo este capítulo es porque, probablemente, ya te hayas dado cuenta, en tan solo un par de décadas, de lo que muchas personas tardan mucho más en descubrir: la vida no tiene sentido.

Si crees que este es un comienzo demasiado melodramático para un capítulo, deberías leer el libro del Antiguo Testamento llamado Eclesiastés. El escritor, quien se llama a sí mismo "el maestro", es el "hijo de David, rey de Jerusalén" (Eclesiastés 1:1), muy probablemente Salomón, quien, en la cima de su reinado, era el hombre más sabio que hubiera existido (excepto uno). Esto equivale a decir: *Nota personal: este tipo tiene algo para decir que vale la pena.*

Y ¿qué es lo primero que dice?

> *Lo más absurdo de lo absurdo*
> *—dice el Maestro—,*
> *lo más absurdo de lo absurdo,*
> *¡todo es un absurdo! (Eclesiastés 1:2).*

Este no es el tipo de versículo que compartirías en Instagram con una tipografía cursiva sobre una elegante fotografía de fondo.

Entonces, ¿qué hace que la vida sea tan inútil? El maestro comienza reflexionando sobre los ciclos interminables de la naturaleza. Es como si estuviera viendo un documental de naturaleza una y otra vez:

Generación va, generación viene,
   mas la tierra siempre es la misma.
Sale el sol, se pone el sol,
   y afanoso vuelve a su punto de origen
   para de allí volver a salir.
Dirigiéndose al sur,
   o girando hacia el norte,
sin cesar va girando el viento
   para de nuevo volver a girar.
Todos los ríos van a dar al mar,
   pero el mar jamás se sacia.
A su punto de origen vuelven los ríos,
   para de allí volver a fluir (vv. 4-7).

Ahora, no sabemos cuántos años tenía el maestro cuando escribió esto, pero si alguna vez hubiera tenido que viajar de ida y vuelta a su trabajo, podemos suponer que habría tenido esta crisis existencial en sus años veinte. La mayoría de nosotros, tan pronto terminamos nuestro período de educación, comenzamos a desanimarnos al descubrir el ciclo de la rutina diaria: comer, dormir, trabajar, repetir.

Y todo esto es parte de un "ciclo de vida" más amplio: escuela primaria, escuela secundaria, quizá universidad... trabajo, matrimonio, casa, niños. Y luego esos niños crecen y van a la escuela primaria, a la escuela secundaria, tal vez a la universidad... así sucesivamente (y, finalmente, se acaba).

Nuestra existencia, cuando éramos adolescentes y estudiantes, se sentía como una línea recta: la vida se dividía en etapas anuales llevaderas, todos trabajando intencionalmente hacia el momento de estar "allá afuera", en el mundo más amplio. Luego llegamos "allá afuera", y todo se vuelve un poco circular. Y tal vez, como el maestro, te preguntas... *¿por qué?*

TÁCTICAS DE DISTRACCIÓN

La mayoría de nosotros no nos hacemos muy a menudo la incómoda pregunta: "¿Por qué?", justamente porque los seres humanos somos expertos en mantenernos ocupados: "Todas las cosas hastían más de lo que es posible expresar. Ni se sacian los ojos de ver, ni se hartan los oídos de oír" (v. 8). Nuestra era saturada de los medios nos brinda un suministro constante de contenido para llenar nuestros ojos y oídos hambrientos. Siempre buscamos entretenernos, mientras hacemos clic sin pensar en el próximo artículo de la aplicación de noticias, en la siguiente canción de nuestra lista de reproducción o en el siguiente nivel del juego en nuestro teléfono. Incluso si no estamos entretenidos, al menos estamos distraídos debido a la lamentable falta de sentido de toda esta farsa.

El maestro también se vuelca a estas tácticas de distracción. Se embarca en una búsqueda de significado y, en el proceso, intenta casi todas las aspiraciones que tienen los de veinte y treinta años en nuestra cultura:

- Momentos divertidos entre amigos. "A la risa la considero una locura; en cuanto a los placeres, ¿para qué sirven?" (Eclesiastés 2:2).

- Salidas nocturnas con los muchachos. "Quise luego hacer la prueba de entregarme al vino... y de aferrarme a la necedad" (v. 3).

- Innumerables citas por Tinder. "Disfruté de los deleites de los hombres: ¡formé mi propio harén!" (v. 8).

- Comprarse una "casa para toda la vida". "Realicé grandes obras: me construí casas, me planté viñedos" (v. 4).

- Decorar su "casa para toda la vida" con obras de arte extravagantes de su viaje de mochilero por el sudeste asiático. "Amontoné oro y plata, y tesoros que fueron de reyes y provincias" (v. 8).

- Ascender por la escalera profesional. "Tuve criados, y mucho más ganado vacuno y lanar que todos los que me precedieron en Jerusalén" (v. 7).

- Negociar un aumento de salario. "Amontoné oro y plata" (v. 8).

- Conseguir fama en su área de especialización. "Me engrandecí en gran manera, más que todos los que me precedieron en Jerusalén" (v. 9).

Si tuviera al maestro entre mis amigos de Facebook, es probable que escondiera sus irritantes fotografías y actualizaciones de estado de mi fuente de noticias. Ciertamente, parece haber disfrutado por un tiempo de su estilo de vida: "Trabaja duro, diviértete mucho".

No les negué a mis ojos ningún deseo, ni privé a mi corazón de placer alguno. Mi corazón disfrutó de todos mis afanes (v. 10).

Pero al final, nada puede distraerlo lo suficiente. La verdad se abre como un vacío a sus pies. En el siguiente verso, todos sus logros obtienen el mismo veredicto condenatorio:

Consideré luego todas mis obras y el trabajo que me había costado realizarlas, y vi que todo era absurdo, un correr tras el viento, y que ningún provecho se saca en esta vida (v. 11).

Quizá conoces este sentimiento. Quizá hayas intentado más cosas de esa lista de las que quisieras admitir ante tu pastor o tu abuela, y nada de eso realmente te trajo satisfacción. ¿Para qué sirvió? O tal vez te encuentres en una rutina sana pero constante de iglesia, trabajo y tiempo con amigos y familiares. Estás trabajando duro, cumpliendo tus objetivos, disfrutando de tu juventud y, en general, pasándolo bien. Pero a veces, cuando suena tu alarma por la mañana, o cuando miras a los otros pasajeros que se amontonan en el tren, o al mirar el cielo por las noches, una voz tranquila dentro de ti te hace la misma pregunta: "¿Cuál es el propósito?".

Es una sensación muy desagradable, y el maestro la conoce: "Aborrecí entonces la vida... Volví a sentirme descorazonado" (vv. 17 y 20).

QUIERO DEJAR HUELLAS

Por lo tanto, ¿cuál es el motivo de esta desesperación existencial? ¿Qué causa que la vida no tenga sentido? El maestro nos dice:

Aborrecí también el haberme afanado tanto en esta vida, pues el fruto de tanto afán tendría que dejárselo a mi sucesor (v. 18).

Permíteme decirlo sin rodeos: la muerte hace que la vida carezca de sentido. Independientemente de lo que logremos en los próximos cincuenta o sesenta años, todos enfrentaremos el mismo destino. El tamaño de nuestro salario, el estado de nuestra lista de deseos, incluso lo feliz que haya sido nuestra existencia, no significará nada una vez que estemos muertos.

La realidad inaplazable de la muerte lo tiñe todo y arrebata nuestra alegría, si lo pensamos bien. Si buscamos propósito al tratar de construir un legado, el maestro dice que nos estamos autoengañando. "Nadie se acuerda de los hombres primeros, como nadie se acordará de los últimos. ¡No habrá memoria de ellos entre los que habrán de sucedernos!" (Eclesiastés 1:11).

Si buscamos propósito al intentar hacer algo innovador para mejorar el estado de la humanidad, el maestro dice que también perdemos nuestro tiempo: "Lo que ya ha acontecido volverá a acontecer; lo que ya se ha hecho se volverá a hacer ¡y no hay nada nuevo bajo el sol!" (v. 9).

Si buscamos propósito al intentar lograr algo que perdure (buscando un sentido enorme de logro al otro lado de ese gran proyecto o el próximo hito), nos desilusionaremos. "Ni se puede enderezar lo torcido, ni se puede contar lo que falta" (v. 15). La mayoría de nosotros obtenemos un sentido de realización en nuestros trabajos. Si eres enfermera, siempre habrá más personas enfermas que cuidar. Si eres mesero, siempre habrá más mesas para limpiar. Si eres un programador de computadoras, siempre habrá más errores que corregir. Las cosas buenas que hacemos finalmente se desmoronan (las personas envejecen, el caos regresa, los sistemas se rompen), y tenemos que volver a hacerlo otra vez. Son como episodios de minimuertes en un mundo que está bajo un diagnóstico terminal.

Entonces, la muerte hace que la vida carezca de sentido o, en palabras del maestro, "perseguimos al viento", porque no hay nada a lo que podamos aferrarnos. La muerte desmorona todo nuestro arduo trabajo. Incluso las cosas que parecen significar más —esas relaciones que atesoramos— finalmente desaparecerán con la muerte.

La vida no tiene sentido.

Sin embargo, a todos nos resulta muy difícil de aceptar. Anhelamos que nuestras vidas tengan propósito. Parafraseando a Beyoncé, quiero hacer algo o dejar algo que signifique dejar mis huellas en la arena del tiempo, lo que demuestra que estuve aquí y que mi tiempo en el planeta Tierra marcó la diferencia de alguna manera. Hay algo profundo dentro de nosotros que se niega a conformarse con la idea de que nuestra existencia es insignificante. Se podría decir que ese "algo", ese anhelo de una realidad más grande es lo que nos hace humanos. Pero para encontrar el propósito que anhelamos, necesitamos encontrarle una solución al problema de la tumba.

Y la buena noticia es que hay alguien que nos puede dar eso.

HAZ QUE TU VIDA CUENTE

Avanza unos mil años en la historia bíblica hasta otro maestro, Jesús de Nazaret:

> *Si alguien quiere ser mi discípulo, tiene que negarse a sí mismo, tomar su cruz y seguirme. Porque el que quiera salvar su vida, la perderá; pero el que pierda su vida por mi causa, la encontrará. ¿De qué sirve ganar el mundo entero si se pierde la vida? ¿O qué se puede dar a cambio de la vida? (Mateo 16:24-26).*

Mientras que el maestro de Eclesiastés se desespera frente a la muerte, Jesús es mucho más que un maestro... es un Salvador que nos llama a seguirlo a través de la muerte.

¿A qué se refiere Jesús exactamente? Justo antes de estas palabras de Jesús, Mateo describe el momento decisivo en que Pedro identifica correctamente a Jesús como "el Mesías", una palabra hebrea para describir al Rey todopoderoso de Dios enviado para rescatar

"HAY ALGO PROFUNDO DENTRO DE NOSOTROS QUE SE NIEGA A CONFORMARSE CON LA IDEA DE QUE NUESTRA EXISTENCIA ES INSIGNIFICANTE".

#YESTOESTODO

el universo. Pero Pedro no comprende cómo se llevaría a cabo este rescate:

Desde entonces comenzó Jesús a advertir a sus discípulos que tenía que ir a Jerusalén y sufrir muchas cosas a manos de los ancianos, de los jefes de los sacerdotes y de los maestros de la ley, y que era necesario que lo mataran y que al tercer día resucitara (v. 21).

Como Jesús va rumbo hacia su propia muerte y resurrección, puede ofrecerle vida a quienes lo sigan.

Por supuesto que lo que Él tiene en mente cuando habla sobre "salvar su vida" en el versículo 25 hace referencia a la vida eterna. La vida eterna es como un corazón espiritual que empieza a latir cuando comenzamos a seguir a Jesús, y que continúa latiendo para siempre, incluso cuando el músculo en nuestro pecho se detiene. Es una vida a la cual la muerte no puede quitarle el significado, porque la muerte es solo una coma, no un punto final. La muerte nos catapulta a una realidad deslumbrante de propósito, belleza y alegría, que no se ve afectada por las minimuertes y frustraciones que obstaculizan nuestra existencia actual. Es una vida en presencia del Señor de todo, donde el Rey que nos amó lo suficiente como para tomar su cruz nos encuentra cara a cara.

Para disfrutar la vida que Jesús da, tenemos que dejar de tratar de aferrarnos y de construir la vida por nosotros mismos. Eso es lo que Él quiere decir cuando dice que "quien quiera salvar su vida la perderá" y "quien pierda su vida por mí, la encontrará". Los cristianos a veces le llaman a esto "morir a uno mismo".

Muy a menudo, mi anhelo de propósito es realmente un anhelo de que *yo* valga algo. *Yo* quiero ser importante. Quiero que *mi* vida sea significativa. Así que me aferro a ese anhelo, lo construyo, lo protejo, esperando ansiosamente que, de alguna manera, alcance el estado de "significativo".

Sin embargo, Jesús dice que necesito perder mi vida. Eso significa que tenemos que dejar de tratar de forjarnos una existencia significativa para nosotros construyendo nuestra propia reputación o acumulando riquezas, o incluso haciendo el bien o brindando felicidad a los demás. Tenemos que arrepentirnos de ponernos en el centro de nuestro propio universo y poner a Jesús allí. Al fin y al cabo, mi vida y yo no tienen que significar nada, porque Jesús lo significa todo sin mí.

Hay una razón por la cual Jesús llama a este cambio de actitud "perder la vida", porque duele. En ocasiones, cuando recuerdo que no soy y nunca seré el centro del universo, me pongo realmente triste.

Sin embargo, no hay otra opción que tenga sentido. Puedo tener ahora veinte años, pero pronto tendré ochenta y luego estaré muerta. En la lógica inquietante de Jesús: "¿De qué sirve ganar el mundo entero si se pierde la vida?". Si tratamos de aferrarnos a la vida, buscando propósito al construir una carrera, tener una familia o escribir libros cristianos, habremos ganado mucho, pero perdido lo único que importa.

Aunque el costo es alto, las recompensas son enormes. Pierde tu vida así, y Jesús garantiza que la encontrarás. La vida eterna no comienza cuando morimos; si eres un seguidor de Jesús, tú ya la tienes. La vida con Él es abundante, desbordante, gratificante y, sí, significativa, porque está libre del poder de la muerte. Debido a que esta vida es eterna, significa que puedes hacer cosas hoy que durarán doscientos años o doscientos mil. Abraza la mentalidad del mundo del revés que te ofrece Cristo y encontrarás la satisfacción que estuviste buscando todo este tiempo.

La muerte hace que la vida no tenga sentido. Pero morir a sí mismo hace que la vida valga la pena.

BIEN HECHO

Entonces, ¿cómo pasamos los próximos cincuenta o sesenta años haciendo lo que importa?

Un poco más adelante en el Evangelio de Mateo, en el capítulo 25, Jesús cuenta la parábola de las monedas de oro. Probablemente, ya la conozcas. Un hombre se va de viaje y, mientras está fuera, confía su riqueza a tres sirvientes. Un sirviente recibe cinco bolsas de monedas de oro, otro recibe tres y otro recibe una. Lo que es crucial, el dinero se entrega "a cada uno según su capacidad" (Mateo 25:15).

Es importante que recordemos este detalle. Cada uno se encuentra en una situación diferente asignada por Dios. Tenemos diferentes trasfondos socioeconómicos, diferentes fortalezas y debilidades físicas, mentales y sociales, diferentes circunstancias de salud, diferentes oportunidades y diferentes dones espirituales. Es Dios quien reparte estos recursos, y Él no espera de nosotros más de lo que nos ha dotado.

En la parábola, el hombre que recibió cinco mil monedas de oro "fue en seguida y negoció con estas y ganó otras cinco mil" (v. 16). De igual forma hizo el segundo hombre: "Así mismo, el que recibió dos mil ganó otras dos mil" (v. 17). A su regreso, ambos recibieron la misma respuesta de parte de su amo: "¡Hiciste bien, siervo bueno y fiel! En lo poco has sido fiel; te pondré a cargo de mucho más. ¡Ven a compartir la felicidad de tu señor!" (vv. 21 y 23).

La manera en que morimos a nosotros mismos día tras días es al reconocer que cada detalle de nuestras vidas ha sido dado por Dios y debemos invertirlo para su gloria, no para la nuestra. La cantidad de "ganancias" que obtenemos no importa demasiado. Lo que el amo elogia es la fidelidad, no la productividad de los siervos: "¡Hiciste bien, siervo bueno y fiel! En lo poco has sido fiel; te pondré a cargo de mucho más".

Esto nos libera de la tiranía de intentar construir nuestro propósito a partir de nuestros logros. A nuestra sociedad le gusta pensar que es una meritocracia, que cualquiera que quiera lograr algo lo puede lograr. Pero la realidad es que, sumado a una gran cantidad de otros factores, es mucho más probable que alguien "logre" algo si creció en una casa acomodada, que si creció en una pobre.

Puede que te sientas atrapado por tus circunstancias. Quizá estés luchando para llegar a fin de mes. Otras personas tienen padres que pueden ayudarlos, pero tú no. O tal vez estás cuidando de alguien en tu familia, y no disfrutas de la libertad que tienen muchos de tus compañeros. O tal vez algo que te sucedió hace años todavía enturbia tu salud física o mental. Si ese eres tú, Jesús te libera de las expectativas de nuestra cultura sobre lograr algo para tener valor. En lugar de eso, te llama a serle fiel a Él, como puedas; a invertir lo que te ha dado, incluso aunque no parezca demasiado, en su reino.

Y si lo haces, recibirás la misma respuesta que otra persona que parece tener todos los dones y todas las oportunidades. Recibirás el mismo respaldo de tu Padre celestial: "¡Bien hecho!". Si te niegas a ti mismo y sigues a Jesús, Dios te alienta con un cordial "¡Bien hecho!", aunque nadie más lo haga. Y un día, cuando mueras, serás recibido en tu hogar celestial con estas palabras: "¡Ven a compartir la felicidad de tu señor!". Cada siervo fiel de Jesús se dirige a una eternidad de gozo indescriptible con Él.

Pero el tercer siervo de la historia de Jesús nos sirve como advertencia: "Pero el que había recibido mil fue, cavó un hoyo en la tierra y escondió el dinero de su señor" (v. 18). No se nos dice a qué se dedicó este tercer siervo, mientras los otros dos estaban ocupados invirtiendo el dinero de su amo. Quizá se fue de mochilero por Tailandia. Tal vez jugaba videojuegos en su PlayStation. O quizá se dedicó al CrossFit y perdió un montón de peso. Pero cuando su amo regresa y este siervo le devuelve la bolsa de monedas de oro, el amo no está feliz: "¡Siervo malo y perezoso! ¿Así que sabías que cosecho donde no he sembrado y recojo donde no he esparcido? Pues debías haber depositado mi dinero en el banco, para que a mi regreso lo hubiera recibido con intereses" (vv. 26-27). El siervo es malo, porque le ha robado al amo lo que era legítimamente suyo. Es perezoso, porque rehusó trabajar duro para su amo. Por lo tanto, no recibe la invitación de compartir la felicidad de su amo: "Y a ese siervo inútil échenlo afuera, a la oscuridad, donde habrá llanto y rechinar de dientes" (v. 30).

Esto nos advierte contra tomar lo que Dios nos ha dado y no hacer nada con ello, contra tener bajas expectativas y una pobre ambición.

No debemos concluir que no haremos nada con nuestra vida porque nada tiene sentido. Lo que hacemos ahora tiene valor, porque vale la pena *para Dios.*

Tu tiempo, tus habilidades, tu energía y tu dinero representan el "oro" que Dios por su gracia te ha prestado. No te conformes con enterrarlo. Inviértelo.

SE PARECE A...
¿A qué se parece?

La mayoría de las veces se parece a colocar sillas y servir café. Se parece a preparar una comida para una nueva mamá. Se parece a llamar a tu abuelo que vive solo, y llamar también al abuelo de alguien más. Se parece a ser la niñera de la familia de un padre soltero que necesita ir a una reunión. Se parece a jugar baloncesto con los chicos de un club juvenil. Se parece a sentarte al lado de alguien que no conoces un domingo e interesarte por su vida. Se parece a conversar con tus compañeros de trabajo sobre Jesús. Se parece a ofrecerte para llevar a una señora mayor a la tienda o a la iglesia. Se parece a correr el riesgo de invitar a comer a otras personas. Se parece a simples tareas de oficina, como sacar fotocopias, engrampar y doblar.

Esto es morir a sí mismo, y duele. Es morderte la lengua cuando preferirías criticar. Es abrir la boca cuando preferirías quedarte callado. Es mostrarte disponible cuando preferirías estar solo. Es llegar a la cita cuando preferirías quedarte en casa.

Déjame contarte sobre mi amigo Miguel. Miguel tiene 28 años, siempre ha vivido con su madre y no tiene novia. Pensó en mudarse al extranjero ("porque eso es lo que todos parecen hacer") e incluso tomó un curso de enseñanza de inglés, pero luego lo dejó a un lado. Trabaja treinta horas a la semana en una escuela como tutor de un niño pequeño con necesidades educativas. No gana mucho dinero. Y tal vez lo peor de todo es que maneja un Fiat.

Según la valoración del mundo, no ha hecho demasiado con la primera década de su vida adulta. Pero estoy bastante segura de que ese no será el veredicto de Jesús.

Miguel encabeza el grupo para niños de 5 a 7 años en nuestra iglesia. Su trabajo le da la posibilidad de quedar libre a las 4:30 de la tarde cada miércoles para dirigir el club de entresemana para unos veinte niños pequeños de su barrio. Muchos de ellos provienen de hogares que no asisten a ninguna iglesia y, durante una hora a la semana, escuchan acerca de Jesús. Y todo porque Miguel está invirtiendo fielmente sus monedas de oro. Escribe lecciones y les enseña versículos de memoria. Motiva a los pequeños a quedarse quietos para que puedan escuchar. Encabeza el equipo y reúne a los líderes para una reunión mensual de oración. Los domingos en la iglesia, se sienta al frente y, con entusiasmo, representa los gestos de las canciones.

Lo que más me impresiona de Miguel es que realmente ama a esos niños. Suele decir que verlos actuar en nuestro servicio anual de villancicos, cantando con todo el corazón mientras representan en sus disfraces el pesebre de Belén, es uno de los mejores momentos de su año. En sus propias palabras: "Tal vez la sociedad no valore lo que yo hago, pero Dios sí, y eso es todo lo que importa".

Definitivamente, quiero ser un poco más como Miguel.

Tampoco son solo las "cosas de la iglesia" lo que tiene sentido. Todo —trabajar, descansar y jugar— tiene sentido cuando lo hacemos para la gloria de Dios.

Por supuesto, no siempre se siente así. Es posible que no siempre puedas ver el propósito, mientras practicas la rutina diaria de comer, dormir, trabajar, repetir. Pero eso está bien. Dios lo ve y Dios lo sabe. Y un día, cuando te reciba en casa como su siervo bueno y fiel, podrás ver cómo entretejió en su gran plan cada pequeña y gran inversión del oro que te había dado; cómo utilizó lo que hiciste para construir su eternidad.

En un mundo en el que todo lo demás no tiene sentido, eso tiene el valor suficiente para mí, para siempre.

12. INSEGURIDAD
¿Y SI FRACASO FRENTE A LOS DEMÁS?

"Conoce tus limitaciones y siéntete satisfecho con ellas. Demasiada ambición resulta en ser promovido a un trabajo que no eres capaz de hacer".

Esa es una frase de David Brent en la serie británica llamada *The Office* [La oficina]. Pero fácilmente podría venir de la voz que suelo escuchar en mi cabeza (aunque la voz de mi cabeza no es tan ocurrente).

Basada en una encuesta no científica realizada a mis amigos y colegas, pienso que todos escuchan una voz similar de inseguridad, incluso las personas que parecen más seguras de sí mismas. Para algunos de nosotros, la voz susurra; para otros, grita. Para algunos, ofrece un consistente comentario diario; para otros ofrece hirientes críticas ocasionales.

Pero la voz está ahí, diciendo cosas como:

"Vas a fracasar frente a todos".

"¿Cómo diablos conseguiste este trabajo?".

"A nadie realmente le gustas. Simplemente, salen contigo porque sienten pena por ti".

"Tu familia va a estar muy decepcionada".

"Nunca sucederá, así que no te molestes en intentarlo".

"Esta es una mala idea y va a salir terriblemente mal".

Para comenzar, debería poner mis cartas sobre la mesa y admitir que tengo dudas sobre cómo escribir este capítulo acerca de la inseguridad. (Siempre conservo la ironía). De hecho, tengo dudas sobre todo este libro. En este momento, aquí están mis tres mayores temores, clasificados de menor a mayor:

1. Nadie comprará este libro.

2. Las personas comprarán el libro, lo leerán y se enterarán de mis pensamientos.

3. Las personas comprarán el libro, lo leerán, se enterarán de mis pensamientos y no les gustarán.

Como puedes ver, es un círculo vicioso.

¿Qué escribirías tú en estos tres espacios?

1.

2.

3.

Obviamente, no sé qué es lo que dispara tu voz interior de inseguridad. Puede ser un trabajo con objetivos que estás seguro de que nunca alcanzarás o un gerente que nunca conseguirás satisfacer. Una chica o un chico para el que crees que nunca serás lo suficientemente bueno. Una tarea que te frustra —o que estás evitando— en la iglesia, porque no crees ser capaz de llevar adelante. O simplemente una vaga, pero horrible sensación, de que no estás preparado para manejar este día o, incluso, tu futuro.

Nadie quiere vivir de esta manera. Todos sabemos que esa no es la forma de obtener las cosas en la vida. ¿Cómo conquistamos esa voz de inseguridad en nuestras cabezas?

MÁS ALLÁ DE LAS CHARLAS TED

Quizá la solución es ver más charlas TED de autoayuda en YouTube o compartir frases más inspiradoras. Nos dicen que creamos en nosotros mismos. Nos dicen que podemos hacerlo, así que no tengas miedo. Se nos dice que dejemos de escuchar las voces negativas, que nos miremos al espejo y nos digamos que somos increíbles.

Pero eso no funciona por mucho tiempo.

De hecho, *no puede* funcionar, porque que nos digan que somos increíbles es parte del problema. Te has criado en una cultura que puso el estándar bastante alto en términos de lo que se espera lograr en la vida. Debes marcar la diferencia, sentirte realizado, encontrarte a ti mismo y ser todo lo que puedas ser. Además, si tuviste educación superior o fuiste a la universidad, probablemente tengas enormes deudas que pagar. No parece ser suficiente, como lo era hace una o dos generaciones, trabajar duro en un empleo normal en una ciudad pequeña, pagar las cuentas, tener una familia y servir en tu iglesia local (e incluso esas cosas pueden parecer fuera de tu alcance en este momento). Súmale a esto la forma en que las redes sociales te permiten medir tus logros (y tus sentimientos) en comparación con los logros y las fachadas de otras personas, y las voces de inseguridad se volverán cada vez más fuertes.

Por supuesto, este no es solo un asunto del cuarto de vida. El llamado "Síndrome del Impostor", donde las personas se sienten como un fraude y temen ser expuestas, se observó por primera vez en la década de 1970 entre ejecutivos de empresas de alto poder. Pero en nuestros veinte y treinta años, todavía nos queda mucha vida por delante, y no hay mucho historial para mirar hacia atrás con seguridad. Todavía estamos averiguando en qué somos buenos y adquiriendo habilidades, conocimientos y experiencia.

Esto significa que la humildad genuina es algo bueno. Nuestra generación (correcta o incorrectamente) tiene la reputación de querer evitar el trabajo duro y llegar directamente a lo bueno. Lo correcto es admitir con humildad que tenemos mucho que aprender. Pero la mayoría de las veces, la voz de la inseguridad es impulsada por el miedo a lo que otras personas piensan de nosotros. No queremos fracasar, porque no queremos que nos vean fallar. Esto es lo opuesto a la humildad: es una especie de orgullo invertido.

Si la respuesta del mundo a nuestra inseguridad es: "Mírate y di que eres grandioso", la respuesta del cliché cristiano tiende a ser: "Mira hacia otro lado y verás que tu Dios es grandioso". Nunca supe cómo hacerlo, por lo tanto, no voy a decirte que lo hagas. La verdad es que debes mirar hacia adentro, pero no a ti mismo. Debes mirar hacia adentro a Aquel que habita en ti.

MUCHACHO JOVEN, GRAN TRABAJO

Pablo le escribió las cartas de 1 y 2 Timoteo a un joven que tenía un gran trabajo. Timoteo había sido el compañero y asistente de Pablo en varios viajes misioneros por el Mediterráneo. Pero para el año 66 d.C., cuando escribió 2 Timoteo, Pablo estaba prisionero en una celda en Roma, y Timoteo lideraba la iglesia en Éfeso. Fue una gran tarea. La primera carta de Pablo a Timoteo nos deja ver que este joven necesitaba nombrar ancianos, confrontar a falsos maestros peligrosos, ordenar el culto de la iglesia y encontrar una manera de asegurarse de que las ovejas más débiles del rebaño fueran atendidas.

Leyendo entre líneas, podemos decir que Timoteo se siente lamentablemente inadecuado para el trabajo. Es joven, algo débil y tímido. Mientras Pablo comienza a escribirle su segunda carta, "recuerda sus lágrimas" (2 Timoteo 1:4). La última vez que Pablo vio a su discípulo, el pobre muchacho estaba llorando.

Por eso, si las circunstancias frente a ti son tan abrumadoras que a veces te empujan hasta las lágrimas, sigue leyendo. En una época anterior a los libros de autoayuda, considera 2 Timoteo como una carta de autoayuda, pero con un enfoque radicalmente diferente al que encontrarás en cualquier librería. De hecho, esto no es autoayuda, sino ayuda espiritual.

Pablo comienza recordándole a Timoteo que, sin importar cómo se sienta, el Señor ha estado trabajando en las circunstancias de su vida para derramar sobre él "gracia, misericordia y paz" mediante la fe en el evangelio (v. 2). Y la fe implica una consecuencia. Timoteo debe usarla:

> *Por eso te recomiendo que avives la llama del don de Dios que recibiste cuando te impuse las manos. Pues Dios no nos ha dado un espíritu de timidez, sino de poder, de amor y de dominio propio (vv. 6-7).*

Probablemente, Pablo está hablando de la comisión especial de Timoteo para ser el ministro de la iglesia en Éfeso. Si bien tú y yo no tenemos el don espiritual específico que tenía Timoteo, sí tenemos el Espíritu, y el Espíritu da una variedad de dones espirituales. Ningún cristiano queda fuera de la lista de dones (1 Corintios 12). Y en realidad, el mayor don que da el Espíritu es Él mismo.

No te pierdas esto: si tienes fe en Cristo, tienes al Espíritu Santo, una persona del Dios trino del universo, viviendo en ti. ¡En ti! Y confiar en Él nos ayudará a luchar contra la inseguridad o, como le llama Pablo, "timidez".

La timidez dice que no tenemos nada que aportar.

La timidez dice que nunca tendremos éxito.

La timidez dice que no podemos hacerlo.

Pero el Espíritu nos da "poder, amor y dominio propio" (2 Timoteo 1:7).

Esas son tres palabras que nuestra cultura no suele asociar, pero Pablo las relaciona por una muy buena razón. *Poder* significa que podemos hacer cosas difíciles; podemos ser valientes frente a los desafíos y la crítica. El *amor* se asegura de que nunca obtengamos esos logros a expensas de los demás. El amor no pisotea a las personas para llegar a la cima, sino que se preocupa por otros, más de lo que le importa obtener reconocimiento. Y el *dominio propio* descarta una actitud de "no puedo hacerlo, así que no lo intentaré". El dominio propio trabaja duro y se enfoca. Nos protege de la hipocresía, porque estamos luchando por alcanzar en nuestro interior lo que buscamos cambiar en el exterior.

Si tienes fe, tienes el Espíritu de poder, amor y dominio propio. Si tienes el Espíritu, tienes algo que aportar a tu iglesia, a tu familia, a tus vecinos, a tu lugar de trabajo y al mundo. Podrías mirar tus propias habilidades sociales, tu capacidad mental o tus talentos y sentirte tristemente inadecuado. Pero está bien. No depende de ti.

ES HORA DE USAR EL TRUCO DEL PERIÓDICO

Mis padres tienen una chimenea de carbón en la sala de su casa (como una estufa a leña, pero antigua). Dentro de la familia, hay una intensa rivalidad entre los hombres de las cavernas sobre quién puede encender "el mejor fuego". Las ayudas químicas para encenderlo son una sustancia prohibida en esta competencia.

Para ser honesta, mis habilidades para encender esa chimenea no son suficientes. Diez minutos después de encender el primer fósforo, generalmente me quedo con un montón de cartón humeante, leña ligeramente ennegrecida y carbones aún fríos. Mi abuelo de 87 años suele mirar desde su sillón, sacudir la cabeza y declarar que es hora de usar "el truco del periódico". Toma algunos trozos grandes de periódico y los extiende por la parte superior de la abertura de la chimenea, dejando un pequeño espacio en la parte inferior. Esto crea un efecto de vacío, y una corriente de aire fluye bajo el periódico, de modo que el montón de cartón humeante y madera carbonizada de repente se transforma en un fuego ardiente.

Esto se asemeja a lo que significa "avivar la llama del don de Dios" (2 Timoteo 1:6). Puede que en este momento te sientas como una pila patética de brasas humeantes; pero si el Espíritu está en ti, estás encendido, por pequeña que parezca la llama a tus propios ojos. Hasta la llama más tenue puede convertirse en un fuego ardiente. Pero eso requiere ser avivado con un poco de viento intencional, usar el truco del periódico de nuestra parte. El Espíritu te ha dado dones espirituales particulares. Ninguno de estos dones es accidental, sin propósito ni inútil, como si fuera algún fetiche espiritual que acumula polvo en un cajón desordenado. Cada don ha sido derramado con amor especialmente para ti, para que puedas usarlo "para el bien de los demás" (1 Corintios 12:7).

Es hora de reflexionar un poco. Comencemos con lo negativo: todo lo relacionado con el temor.

¿En qué áreas crees ser tímido?

¿Qué es lo que secretamente tienes mucho miedo de enfrentar?

¿En qué circunstancias dejas que el miedo te detenga?

Una regla por la que he tratado de vivir durante la última década es que nunca evitaré hacer algo porque tenga miedo. El miedo a otras personas no es un buen motivo. Una situación social que me pone nerviosa; un proyecto en el trabajo que me da miedo; un trabajo en la iglesia que me hace dudar... Si identifico que la razón por la que estoy a punto de decir que no es el miedo, voy a decir que sí. Tal vez es una buena regla para que apliques en ti.

Luego, piensa en esas tres cualidades del Espíritu: poder, amor y dominio propio.

¿Cómo se verían en esta situación que te hace sentir miedo?

¿Dónde necesitas el poder del Espíritu?

¿Dónde necesitas el amor del Espíritu?

¿Dónde necesitas el dominio propio del Espíritu?

No solo tomes nota de dónde los necesitas, pídelos. Si hay un equivalente espiritual al truco del periódico, es luchar en oración para "andar guiados por el Espíritu" (Gálatas 5:25); pedir todos los días que Él marque el ritmo y la dirección de nuestro día, y seguirlo a donde nos guíe.

Ahora, reflexiona sobre las habilidades que posees.

¿Para qué eres bueno?

¿En qué áreas particulares Dios te ha dado habilidad?

Tu inseguridad puede haberte cegado, pero la respuesta probablemente sea obvia para las personas que te conocen bien. Así que pregúntales a ellos y permíteles que te animen. Y luego, cuando tengas una idea de cuáles son esos dones, averigua cómo puedes comenzar a avivarlos. Pero te daré una pista para comenzar: la mayoría de las veces, nuestros talentos crecen a medida que los utilizamos.

El objetivo es ser conscientes de ellos, sin darle lugar a la inseguridad. Hay una gran diferencia entre esas dos cosas. La inseguridad dice: "Soy malo para esto, siempre seré malo para esto, y tengo miedo porque sé que tarde o temprano todos los demás pensarán que soy malo para esto". Esta actitud no es útil. Cuando eres consciente de tus dones, puedes decir: "Creo que soy espiritualmente talentoso en esta área y, aunque me aterra, voy a comenzar a ejercitarla en el poder del Espíritu y ver lo que Dios puede hacer en mí y por medio de mí. No seré perfecto, pero estoy listo para aprender. Y si no funciona, está bien, porque, de todos modos, no encontraba mi valor en ser excelente en esto".

Esta actitud cambia la vida. Cuando nos hablamos desde una autocrítica temerosa, echamos agua fría sobre las brasas del don de Dios para nosotros. Pero cuando hablamos en oración a nuestro Padre, reconociendo nuestra debilidad y pidiendo que su Espíritu trabaje en nosotros, el fuego arde más fuerte. La inseguridad nos detiene, pero nuestra conciencia nos mueve a crecer, a seguir avivando esas llamas.

Sean cuales sean tus dones y tus inseguridades, es hora de recurrir al truco del periódico.

SÉ MÁS COMO EL DRAGÓN

Muy bien, estamos listos para comenzar a avivar el fuego. Pero ¿para qué exactamente nos hace poderosos el Espíritu? ¿Es cierto lo que nos dijeron en la escuela, que "puedes hacer cualquier cosa si lo crees", siempre y cuando en lo que creamos sea en el Espíritu?

En 2 Timoteo 1:14, Pablo explica para qué es el poder del Espíritu:

> *Con el poder del Espíritu Santo que vive en nosotros, cuida la preciosa enseñanza que se te ha confiado.*

La imagen es un poco como la del tesoro de un dragón en una cueva (a los efectos de esta analogía, el dragón es un don). Los asaltantes siguen intentando entrar y robar lo que puedan, buscando remover el tesoro, gema por gema o pieza por pieza. Algunos de esos asaltantes vienen con todas las armas encendidas. Otros se escabullen bajo un disfraz.

Pero quien está frente a la cueva para proteger el tesoro... ¡eres tú! Y no eres un debilucho con una espada tan pesada que apenas puedes levantar. Cuentas con el "poder del Espíritu Santo que vive" en ti (v. 14).

Y eso te convierte en un dragón.

No solo eso, sino que el Espíritu está trabajando en ti para hacerte *más* dragón: afilando tus dientes, endureciendo tus escamas, afinando tus instintos.

La "preciosa enseñanza" es la buena noticia: el evangelio. Y lo tienes. Así que mantente en guardia. No dejes que otras personas te distraigan de seguir a Jesús y servir a su pueblo. Sigue creciendo en santidad, porque a eso te ha llamado Dios (v. 9). Sé un "heraldo" que declara las buenas noticias a otros (v. 11). Aprende a descartar a los asaltantes que intentan socavar lo que Dios ha dicho ("Seguramente Dios quiere decir...", "Me gusta pensar que...", "¿Cómo puede estar mal si...?"). Toma en serio tu responsabilidad hacia ti mismo y hacia tus amigos de la iglesia para mantenerlos en el camino estrecho y angosto. Asiste a todos los estudios bíblicos buscando hablar la verdad. Desafía gentilmente las ideas equivocadas sobre el mundo y la Palabra. Aprende el arte de hacer el tipo de preguntas que obtienen respuestas honestas. Puedes hacer todas estas cosas porque "tienes la ayuda del Espíritu Santo que vive en [ti]". Sé más dragón.

Recuerda además lo que estás protegiendo: el evangelio. No estoy segura de que estemos conscientes de lo buenas que son las buenas noticias. Pablo nos recuerda:

> *Pues Dios nos salvó y nos llamó a una vida santa, no por nuestras propias obras, sino por su propia determinación y gracia. Nos concedió este favor en Cristo Jesús antes del comienzo del tiempo; y ahora lo ha revelado con la venida de nuestro Salvador Cristo Jesús, quien destruyó la muerte y sacó a la luz la vida incorruptible mediante el evangelio (vv. 9-10).*

El tesoro que estás protegiendo es justamente lo que se enfrentó con tu inseguridad.

La voz de la inseguridad te dice: *Nunca llegarás a nada.* El evangelio te dice: *No es necesario. Cristo ha hecho todo.* No obtuvimos el trabajo de "cristiano" porque le presentamos nuestro currículum a Dios, hablamos sobre nuestra experiencia en una entrevista y nos adjudicamos un lugar en su equipo, por lo que ahora tenemos que demostrar que podemos hacerlo.

No, Cristo sabía exactamente quiénes éramos cuando nos eligió, con todas nuestras debilidades, nuestros pecados y el desorden. Él eligió amarnos "no por algo que hayamos hecho", nos amó "antes del comienzo de los tiempos", por lo que posiblemente no se deba a quiénes somos. Es por quién Él es: infinitamente misericordioso y decidido a demostrárselo a personas como nosotros. Y aunque lleguemos a equivocarnos abismalmente en el futuro, esta gracia no es algo que se nos pueda quitar, porque Cristo ya ha hecho en el pasado todo lo que había que hacer. Él "destruyó la muerte" mediante su propia muerte y resurrección, y nos ha dado "vida" ahora e "inmortalidad" en el futuro. No estamos en libertad condicional. Así que corta las amarras internas y disfruta de estar en el equipo. No hay nada que probar, nada que ganar. Ya se nos ha dado la gracia que importa. Y cuando comprendemos la verdad de que Dios nos acepta, nos ama y nos apoya en Cristo, la opinión de los demás, e incluso nuestra opinión sobre nosotros mismos, importará mucho, mucho menos.

La mayor parte de nuestras inseguridades está relacionada con el temor a fracasar. Muy dentro de nosotros estamos desesperados por tener éxito. La inseguridad nos dice que nunca lo lograremos (o al menos, que no es probable que lo logremos), y esa es la razón que la hace tan devastadora. Y la voz de la inseguridad continuará demoliéndonos si nuestra búsqueda suprema es un tipo diferente de "éxito" que el simple objetivo de proteger este tesoro. La vida cristiana generalmente no se caracteriza por que el resto del mundo piense que lo has logrado. La inseguridad nos aplastará si cargamos el peso de la presión del mundo sobre nuestros hombros: desempeñarnos bien, complacer a los demás y ser triunfadores en la vida.

Lo que nos libera de esa carga es afirmar: "No soy poderoso, pero el Espíritu sí. No puedo hacerlo, pero el Espíritu puede hacerlo por medio de mí. Tropezaré y fracasaré, pero eso está bien, porque mi aprobación, mi valor y mi propósito nunca dependieron de que yo lograra producirlos, ganarlos ni mantenerlos; Cristo me ha amado desde el principio de los tiempos, y me ha traído luz y vida mediante su evangelio".

Es hora de que tú y yo nos paremos en fe, para vivir como si el Espíritu fuera más fuerte que nuestras inseguridades y de que seamos testigos de lo que puede pasar.

Tim Chester, en su libro *Goza de Dios*, lo expresa así:

> *Si quieres ver al Espíritu obrando en tu vida, trata de hacer aquello que sientes que no puedes hacer sin su ayuda. Todo lo que hacemos para Dios es posible gracias a la ayuda del Espíritu, ya sea que lo sintamos o no. Pero si quieres sentir la ayuda del Espíritu, trata de hacer cosas que estén por encima de tu capacidad. No te quejes porque Dios no haga cosas espectaculares en tu vida si nunca intentas hacer algo que esté fuera de tu zona de seguridad (p. 123).*

No eres un caso perdido. No estás condenado al fracaso. Tienes al Espíritu, y eso significa que eres un dragón.

CUANDO SOY DÉBIL...

Una de las ventajas de trabajar para una empresa cristiana es que, por lo general, tu jefe es bastante amable y a veces te da buenos consejos.

Comencé a trabajar para The Good Book Company (una editorial cristiana) como pasante, primero durante seis meses y luego por otros seis. Cuando me ofrecieron contratarme de forma permanente, me emocioné mucho. ¡Un trabajo real con un salario real! Menos tareas irrelevantes y más responsabilidades. Sentí que lo había logrado.

El sentimiento no duró mucho. Puedo recordar una reunión que tuve con mi nuevo jefe, donde describió exactamente cómo sería mi rol, y nos fijamos algunas metas para el año entrante.

—Estoy muy emocionado —declaró. Yo no lo estaba—. Estoy expectante de ver dónde llevarás tu trabajo —dijo entusiasmado. Yo no tenía ninguna expectativa—. Vas a ser genial —exclamó—. Tengo toda la confianza en ti.

Yo ni confiaba en mí misma. Estaba aterrada. A esta altura, él ya se estaba dando cuenta.

—¿Estás bien? —me preguntó—. Te ves un poco...

—Yo solo... —tartamudeé—. Es solo que cuando me dicen que haga algo, mi primer pensamiento es siempre: *No puedo hacerlo.*

—Escucha —me dijo—, a veces desearía ser una persona que piensa que "no puede hacerlo". Me embarco en situaciones pensando que puedo hacerlo todo, y luego me doy cuenta de que no puedo. Pero cuando crees que no puedes hacer las cosas, eso es bueno, si dejas que te lleve a ser más dependiente de Dios en oración. Cuando te sientas abrumada, preséntalo a Dios en oración.

La ironía es que tuvimos casi exactamente la misma conversación nuevamente en otra situación dos años después; no creo que él haya recordado nuestra primera conversación, pero yo sí. Lo sabía, pero todavía estaba luchando por vivirlo.

Y todavía lucho. Todavía titubeo entre la arrogante confianza en mí misma sin oración, y la inseguridad paralizante sin oración. Puedes identificar claramente mi problema y cuál es la solución: no oro y necesito orar.

La duda es útil *cuando sabemos qué hacer con ella*. La debilidad conduce a la fuerza, y el miedo se convierte en confianza, si dependemos del poder de Cristo. Eso es lo que Pablo tuvo que aprender por sí mismo antes de que pudiera escribirle esa carta a Timoteo:

> *Pero [el SEÑOR] me dijo: «Te basta con mi gracia, pues mi poder se perfecciona en la debilidad». Por lo tanto, gustosamente haré más bien alarde de mis debilidades, para que permanezca sobre mí el poder de Cristo. Por eso me regocijo en debilidades, insultos, privaciones, persecuciones y dificultades que sufro por Cristo; porque, cuando soy débil, entonces soy fuerte (2 Corintios 12:9-10).*

Cuando te golpee la inseguridad, puedes darle la razón a la voz en tu cabeza que te dice que no eres capaz. Y luego puedes acudir al Espíritu y pedirle que se ponga en acción. Y ahora tú te pones en acción. Porque cuando eres débil, dependiente y practicas la oración, entonces te vuelves fuerte.

CONCLUSIÓN
NUNCA IMAGINÉ QUE LA VIDA FUERA ASÍ

Si pudieras darle a tu "antiguo yo" un recorrido por tu vida actual, ¿qué pensaría?

Creo que la "Rachel de 16 años" estaría gratamente sorprendida por cómo han resultado algunas cosas. Estaría intrigada por los nuevos rostros a su alrededor. Sentiría alivio de que nada haya salido catastróficamente mal. Se sorprendería de haber escrito un libro real, de verdad y apropiado, especialmente uno que alguien siguió leyendo hasta la página 193 (¡choca esos cinco!).

Pero sospecho que mi "yo adolescente" estaría silenciosamente decepcionada de que, en general, la vida adulta se sienta muy común. Veintiséis años y aún soltera, viviendo en los suburbios —no sé exactamente qué esperaba la Rachel adolescente, mientras se preparaba para lanzarse a la edad adulta, pero no era esto. ¿Y esto es todo? Simplemente, no es como me imaginaba que sería la vida.

Y ese, muy a menudo, es el problema. La "crisis del cuarto de vida" se desencadena cuando la brecha entre lo que imaginamos y lo que obtenemos se amplía tanto que nos encontramos en caída libre.

Pero hay esperanza en el fondo del abismo, porque listo para atraparnos hay un Dios con una imaginación más grande que la nuestra. Incluso si la vida adulta no es como la imaginabas, Dios ha prometido hacer más de lo que imaginaste con ella:

Al que puede hacer muchísimo más que todo lo que podamos imagi-narnos o pedir, por el poder que obra eficazmente en nosotros, ¡a él sea la gloria en la iglesia y en Cristo Jesús por todas las generacio-nes, por los siglos de los siglos! Amén (Efesios 3:20-21).

MI VIDA, EL MELODRAMA

Tengo un amigo al que le gusta pensar en su vida en términos de "arcos narrativos". Funciona así: imagina que tu vida es un melo-drama de larga duración. Las tramas y las subtramas se entrela-zan, pasan a primer plano o se desvanecen en el tiempo; algunas se resuelven bien, mientras que otras llegan a un callejón sin salida. Los personajes van y vienen según las temporadas. Hay giros en la trama, clímax dramáticos, elecciones agonizantes y la satisfacción de esos momentos con final feliz. Hay clips divertidos y ridículos que quieres volver a ver una y otra vez, y hay otros tristes que te hacen llorar cada vez. Hay diferentes escenas, episodios y temporadas. ("Hoy tengo la sensación de un final de temporada", declaró una vez mi amigo de camino a una boda, y para ser justos con él, lo era).

Ver el panorama completo le ayuda a darle sentido a lo ordinario de su existencia cotidiana. Es una forma de ver la trayectoria del viaje, aunque a veces solo sea en retrospectiva. Le recuerda que por mucho que no le guste su situación actual, "por ahora" no es para siempre; es solo por ahora. En definitiva, es una forma de dar un paso atrás para disfrutar de los detalles de la providencia de Dios, es alegrarse de saber que el guion es escrito por otra persona.

Apuesto a que su "arco narrativo" no ha salido como lo habría escrito su yo de 16 años. Pero el guion de Dios para nuestras vidas nunca es menos de lo que nos imaginamos, siempre es muchísimo más. Tu vida no es un melodrama de segunda, contigo como el personaje principal, que sigue su curso hasta que lo sacan de escena. Si tienes ojos para poder verlo, tu vida es aun mejor que eso.

El *propósito* es inmensamente más grandioso. Tu existencia no es inútil para nada. No es una búsqueda de felicidad o satisfacción que

"EL GUION DE DIOS PARA NUESTRAS VIDAS NUNCA ES MENOS DE LO QUE NOS IMAGINAMOS; SIEMPRE ES MUCHÍSIMO MÁS".

#YESTOESTODO

terminará en desilusión. El propósito de tu vida es este: "A Él sea la gloria" (Efesios 3:21). Dios ha escrito un guion que revela su gloria, que muestra la importante y asombrosa esencia de quién es Él: un Dios de justicia, gracia, compasión, compromiso y total integridad. Un Dios que no solo nos muestra cuán maravilloso es, como si fuéramos miembros de una audiencia que observa un espectáculo. Por el contrario, nos invita al escenario a vivir vidas que se asombran y disfrutan de lo maravilloso que es, para darle gloria. Formar parte de esta función es lo que hará latir nuestros corazones. Y, al final de los tiempos, rastrearemos la historia y nos asombraremos de la creatividad y la gracia de Dios.

Los *medios* son incalculablemente más grandes. Dios muestra su gloria, para que pueda ser disfrutado y alabado "en la iglesia y en Cristo Jesús". La forma en que Dios manifiesta su poder y bondad es salvando a las personas, a muchas personas, por medio de la muerte y resurrección de Cristo Jesús. Se trata de más y más personas que experimentan "las riquezas ilimitadas de Cristo" para que "ahora, *a través de la iglesia*, se dé a conocer la sabiduría múltiple de Dios" (Efesios 3:10, cursivas añadidas, paráfrasis). Tu vida no se trata de lo que puedes lograr o adquirir, se trata de cumplir tu pequeño rol en esta historia más grande para mostrar y disfrutar la gloria de Dios. Tú y yo somos solo dos almas salvadas entre muchas, pero que haya *tantas* es lo verdaderamente emocionante.

Y la *línea de tiempo* es incalculablemente más larga. Tu historia no se acabará en cincuenta o sesenta años (o antes), porque eres parte de un guion que comenzó antes de que nacieras y que continuará por mucho más tiempo. Esta historia no solo es para "Millennials" [los nacidos entre 1981 y 1996] o para la Generación Z [los nacidos entre 1997 y 2012], Dios será glorificado "por todas las generaciones, por siempre y siempre".

Esto significa que hoy *el poder que actúa en ti* es incalculablemente más fuerte que el tuyo. Puede que te sientas un poco débil, perdido y solo. Puede que estés frustrado o triste, porque no logras que tu vida vaya en la dirección que deseas. Pero Dios es el "que puede hacer muchísimo más que todo lo que podamos imaginarnos o pedir, por el poder que obra eficazmente en nosotros". Él está trabajando en todas las circunstancias de tu vida para darle gloria de maneras que nunca podrías soñar y que ni siquiera puedes ver. Él contesta tus oraciones de una manera que va más allá de lo que esperas. Claro, tu parte en la gran historia del universo es bastante pequeña. Pero no te quejes de la parte que te han dado. Maravíllate con que te hayan dado una parte. Dios no necesita que le traigas gloria; te permite que le traigas gloria. Date cuenta de lo increíblemente personal que es esto. Estamos hablando de un gran Dios con un gran plan, pero que está trabajando dentro de *ti*.

Cuando *esta* es la historia que nos entusiasma, cierra la brecha entre lo que imaginamos y lo que estamos viviendo. Desde esta perspectiva, no estaremos en caída libre por mucho tiempo, porque en esta gran historia encontramos la alegría, el significado y el propósito que anhelamos.

Por tanto, para el resto de nuestros años veinte, treinta y las décadas posteriores, que este sea nuestro himno:

Al que puede hacer muchísimo más que todo lo que podamos imaginarnos o pedir, por el poder que obra eficazmente en nosotros, ¡a él sea la gloria en la iglesia y en Cristo Jesús por todas las generaciones, por los siglos de los siglos! Amén (Efesios 3:20-21).

RECURSOS ADICIONALES

Este libro toca la superficie de un vasto rango de temas. Para profundizar un poco más u obtener más ayuda, aquí hay algunos buenos lugares donde puedes comenzar. Los libros y recursos señalados con asterisco están disponibles solo en inglés.

INSATISFACCIÓN
Dealing with Disappointment de John Hindley (TGBC, 2017).

En busca del contentamiento de Erik Raymond (Publicaciones Andamio, 2020).

PARÁLISIS DE DECISIONES
Haz algo de Kevin DeYoung (Poiema Publicaciones, 2020).

La década decisiva de Meg Jay (Publicaciones Asertos, 2016), un libro secular, pero definitivamente alentador.

DESARRAIGO
Keeping Place de Jen Pollock Michel (IVP, 2017).

Why Bother with Church? de Sam Allberry (TGBC, 2016).

NOSTALGIA Y REMORDIMIENTO
Para la nostalgia, mantente alejado de Buzzfeed y estarás bien.

ODIO MI TRABAJO
Toda buena obra de Tim Keller (B&H Español, 2018).

Acerca de la esclavitud en la Biblia, *"Why it's wrong to say the Bible is proslavery" de Gavin Ortlund (en línea, www.thegospelcoalition. org/article/why-wrong-say-bible-pro-slavery/, acceso el 13/09/18) o *Is God a Moral Monster?* de Paul Copan (Baker, 2011).

DUDA
¿Es razonable creer en Dios? de Tim Keller (B&H Español, 2017).

How Can I Be Sure? de John Stevens (TGBC, 2014).

Acerca de la Biblia, *Can I Really Trust the Bible?* de Barry Cooper (TGBC, 2014) o *Why Trust the Bible?* de Amy Orr-Ewing (IVP, 2005).

Acerca del problema del sufrimiento, *If I were God, I'd End All the Pain* de John Dickson (Matthias Media, 2001) o *¿Dónde estaba Dios cuando sucedió eso?* de Christopher Ash (Editorial Portavoz, 2019).

Acerca de la ciencia, *¿Puede la ciencia explicarlo todo?* de John Lennox (Editorial CLIE, 2021) o *Unnatural Enemies* de Kirsten Birkett (Matthias Media, 1997).

Acerca de "enseñanzas difíciles" sobre sexualidad y género, *¿Está Dios en contra de los gays?* de Sam Allberry (Editorial Portavoz, 2019) o *Dios y el debate transgénero* de Andrew Walker (Editorial Portavoz, 2018).

SOLEDAD
True Friendship de Vaughan Roberts (10ofthose, 2013).

Real de Catherine Parks (TGBC, 2018).

You Can Really Grow de John Hindley (TGBC, 2015), buen material sobre lectura bíblica.

SOLTERÍA
7 mitos sobre la soltería de Sam Allberry (B&H Español, 2020).

NOVIAZGO Y MATRIMONIO
Soltero por ahora de Marshall Segal (Poiema Publicaciones, 2018).

El significado del matrimonio de Tim y Kathy Keller (B&H Español, 2017).

El matrimonio centrado en el evangelio de Tim Chester (Poiema Publicaciones, 2020).

*James For You de Sam Allberry (TGBC, 2015).

ENVEJECER

Quienes sufren en su cuerpo físico pueden apreciar *Esperanza en medio del dolor* de Kristen Wetherell y Sarah Walton (Poiema Publicaciones, 2018).

CARENCIA DE SIGNIFICADO

*Serving without Sinking de John Hindley (TGBC, 2013), muy buen libro para quienes se sienten atrapados en la rutina semanal de la vida de la iglesia.

INSEGURIDAD

Goza de Dios de Tim Chester (Editorial Portavoz, 2021).

*The Freedom of Self-Forgetfulness de Tim Keller (10ofthose, 2012).

*Unstuck de Tim Lane (TGBC, 2019).

AGRADECIMIENTOS A...

... tantos amigos (y algunos casi extraños) que me dieron una rebanada de sus pensamientos para colaborar con este libro, y quienes aparecen en estas páginas bajo una variedad de seudónimos. Un agradecimiento especial para Michael, quien probablemente ha colaborado más que nadie en estos años; y a las chicas Platt, cuya honestidad me ayudó a comenzar y terminar este libro.

... quienes aportaron sus comentarios en partes del manuscrito: Nathan, Sam, Ruth, Emma, Liz, Catherine y Dan, "el Capitán de los comentarios". Gracias también a la excelente Linda Allcock y a su equipo de revisión de The Globe, en Londres: Alice, Sarah, Wing, Tara y Ryan.

... The Good Book Company. Supongo que tengo una mejor idea que la mayoría de los autores sobre cuántas personas se necesitan para lograr que estas palabras vayan desde mi pantalla, al papel y hasta las manos del lector. Gracias a todos. Un agradecimiento especial a André Parker por su diseño innovador de la cubierta de aguacate; y a Carl Laferton, quien creía en este libro (y su autora) incluso cuando yo no, y lo hizo mucho mejor con sus comentarios y ediciones.

... toda la familia de Chessington Evangelical Church, por enseñarme y cuidarme de muchas maneras. Muchos de ustedes han mostrado interés en el progreso de este proyecto (y paciencia ante mi interminable refrán de: "Bueno, como digo en mi libro..."). Saludos a mi grupo Hub y al equipo de Fusion que me soportan semana tras semana y hacen que el servicio sea muy divertido.

... la familia Jones, por todo su amor y aliento. Un gran cariño para mis hermanos Matt, Martha y Tim, y los bandidos Bel y

Dan. Y le debo la mayor deuda de gratitud a mis padres, Mark e Isabel, gracias por formarme como la adulta que soy durante dos décadas de crianza fiel y piadosa (y por ayudarme por teléfono a sobrevivir como adulta en todo, desde decisiones de vida hasta mantenimiento de bicicletas).

E D I T O R I A L
PORTAVOZ

NUESTRA VISIÓN

Maximizar el efecto de recursos cristianos de calidad que transforman vidas.

NUESTRA MISIÓN

Desarrollar y distribuir productos de calidad —con integridad y excelencia—, desde una perspectiva bíblica y confiable, que animen a las personas a conocer y servir a Jesucristo.

NUESTROS VALORES

Nuestros valores se encuentran fundamentados en la Biblia, fuente de toda verdad para hoy y para siempre. Nosotros ponemos en práctica estas verdades bíblicas como fundamento para las decisiones, normas y productos de nuestra compañía.

Valoramos la excelencia y la calidad.
Valoramos la integridad y la confianza.
Valoramos el mérito y la dignidad de los individuos y las relaciones.
Valoramos el servicio.
Valoramos la administración de los recursos.

Para más información acerca de nuestra editorial y los productos que publicamos visite nuestra página en la red: www.portavoz.com.